Laura Marie Geupel, Stefanie Werning

# Fermi-Aufgaben für Grundschulkinder

## Offene Sachaufgaben rund um spannende Alltagsthemen

PERSEN

## Die Autorinnen

**Laura Marie Geupel** ist Grundschullehrerin in Hessen. Sie absolvierte ihr Lehramtsstudium an der Universität Gießen in den Fächern Mathematik, Deutsch und Sachunterricht.

**Stefanie Werning** ist Ausbilderin am Studienseminar GHRF Gießen und arbeitet als Grundschullehrerin. Sie absolvierte ihr Lehramtsstudium an der Universität Gießen in den Fächern Mathematik, Deutsch und Sachunterricht.

Gedruckt auf umweltbewusst gefertigtem, chlorfrei gebleichtem und alterungsbeständigem Papier.

1. Auflage 2021


Grafik: Barbara Gerth, Katharina Reichert-Scarborough (Mehl S. 15)
Satz: Typographie & Computer, Krefeld

ISBN: 978-3-403-20645-3

www.persen.de

Liebe Lehrkräfte,

„Die Aufgabe ist doch überhaupt nicht lösbar!“ Diese oder eine ähnliche Antwort von Lernenden auf die Bearbeitung einer Fermi-Aufgabe ist Ihnen wahrscheinlich aus dem Mathematikunterricht bekannt. Dass es bei der Bearbeitung des Aufgabenformates *Fermi-Aufgaben* Hilfswerkzeuge und keine richtigen und falschen Lösungen gibt, ist vielen Lernenden nicht bewusst.

Im Mittelpunkt dieses Aufgabenformates steht das Finden verschiedener Lösungswege, gekoppelt mit deren Interpretation und Bewertung. Dieses stellt eine große Herausforderung für die Lernenden im Mathematikunterricht des Primarbereichs dar. Daher ist es zielführend und von großer Bedeutung, hier einen verständlichen Zugang und Motivationsansätze zu schaffen. Doch wie können Lernende der dritten und vierten Jahrgänge, mit unterschiedlichen Lernvoraussetzungen, an dieses Aufgabenformat herangeführt werden? Was gibt es für uns Lehrkräfte zu beachten und welche Hilfswerkzeuge können die Lernenden auf dem Weg zur Bearbeitung der offenen, realitätsbezogenen und herausfordernden Aufgaben unterstützen? Dieses Buch gibt Antworten auf die oben aufgeführten Fragestellungen und zeigt anhand einer Einheit, beginnend mit der Feststellung der individuellen Lernvoraussetzungen, handlungsorientierte Möglichkeiten für einen kompetenzorientierten Einsatz von Fermi-Aufgaben im Mathematikunterricht der Grundschule auf.

Ausgehend von einer tabellarischen Übersicht aller Aufgaben mit kurzer Angabe der Thematik, des Inhaltsfeldes und der allgemein mathematischen Kompetenzen werden Ihnen anhand sechs aufeinander aufbauender Etappen übersichtliche Informationen zur Sache und Hilfswerkzeuge zum Unterrichtsvorhaben und Kompetenzspektrum an die Hand gegeben. Zudem werden Unterrichtssequenzen mit den verfolgten Lernzielen, Differenzierungsmöglichkeiten und Hinweisen zur Durchführung angeboten. Viel Wert wird außerdem auf kooperative Lernformen und Transparenz gegenüber den Lernenden (Kinderlernziele) gelegt. So gelingt ein motivierender und fachlich fundierter Mathematikunterricht mit dem Aufgabenformat *Fermi-Aufgaben*!

Wir wünschen Ihnen und Ihrer Klasse viel Spaß!

Laura Marie Geupel und Stefanie Werning

# Übersicht über die Inhaltsfelder und Kompetenzbereiche

| | Muster und Strukturen | Zahl und Operation | Raum und Form | Größen und Messen | Daten und Zufall | Kommuni-zieren | Argumen-tieren | Problem-lösen | Darstellen | Modellieren | Umgehen mit symbolischen, formalen und technischen Elementen |
|---|---|---|---|---|---|---|---|---|---|---|---|
| Etappe 1 Das weiß ich schon! | | X | X | X | | X | X | X | X | X | X |
| Etappe 2 Die Ideen der Klasse 4b | | X | | | | X | X | X | X | X | |
| Etappe 3 Viele Steckwürfel | | X | X | X | | X | X | X | X | | |
| Etappe 3 Wer wird Schätzkönig? | | X | X | X | | X | X | X | X | | X |
| Etappe 4 Das Klassenfest | | X | | X | | X | X | X | X | X | |
| Etappe 4 Der gemeinsame Schulweg | | X | | X | | X | X | X | X | X | |
| Etappe 4 In den Sommerferien | | X | X | X | | X | X | X | X | X | |
| Etappe 4 Der Zoobesuch | | X | | X | X | X | X | X | X | X | |
| Etappe 4 An der Imbissbude | | X | | | X | X | X | X | X | X | |
| Etappe 5 Unser Sportunterricht | X | X | | X | X | X | X | X | X | X | X |

## Übersicht über die Inhaltsfelder und Kompetenzbereiche

| | Muster und Strukturen | Zahl und Operation | Raum und Form | Größen und Messen | Daten und Zufall | Kommunizieren | Argumentieren | Problemlösen | Darstellen | Modellieren | Umgehen mit symbolischen, formalen und technischen Elementen |
|---|---|---|---|---|---|---|---|---|---|---|---|
| Etappe 5 Sport oder Pause? | X | X | | X | X | X | X | X | X | X | X |
| Etappe 5 100 Bilder | X | X | | X | X | X | X | X | X | X | |
| Etappe 6 Fermi-Aufgabe 1 | | X | | X | | X | X | X | X | X | X |
| Etappe 6 Fermi-Aufgabe 2 | | X | | X | X | X | X | X | X | X | |
| Etappe 6 Fermi-Aufgabe 3 | | X | | X | X | X | X | X | X | X | |
| Etappe 6 Fermi-Aufgabe 4 | | X | X | X | | X | X | X | X | X | X |
| Etappe 6 Fermi-Aufgabe 5 | | X | | X | | X | X | X | X | X | X |
| Etappe 6 Fermi-Aufgabe 6 | | X | | X | X | X | X | X | X | X | |
| Etappe 6 Fermi-Aufgabe 7 | | X | | | | X | X | X | X | X | |
| Etappe 6 Fermi-Aufgabe 8 | | X | | | X | X | X | X | X | X | |
| Etappe 6 Fermi-Aufgabe 9 | X | X | | | | X | X | X | X | X | X |
| Etappe 6 Fermi-Aufgabe 10 | X | X | | X | | X | X | X | X | X | X |
| Etappe 6 Fermi-Aufgabe 11 | X | X | | X | | X | X | X | X | X | X |

# Übersicht über die Inhaltsfelder und Kompetenzbereiche

| | Muster und Strukturen | Zahl und Operation | Raum und Form | Größen und Messen | Daten und Zufall | Kommunizieren | Argumentieren | Problemlösen | Darstellen | Modellieren | Umgehen mit symbolischen, formalen und technischen Elementen |
|---|---|---|---|---|---|---|---|---|---|---|---|
| Etappe 6 Fermi-Aufgabe 12 | X | X | | X | | X | X | X | X | X | |
| Etappe 6 Fermi-Aufgabe 13 | | X | | X | | X | X | X | X | X | X |
| Etappe 6 Fermi-Aufgabe 14 | | X | | X | | X | X | X | X | X | X |
| Etappe 6 Fermi-Aufgabe 15 | X | X | | | X | X | X | X | X | X | X |

**Legende:**

Sachanalyse/Lehrerhinweise

Kinderlernziel/Arbeitsmaterialien

## Methodisch-didaktische Hinweise

Um eine erfolgreiche Auseinandersetzung mit der Thematik der Fermi-Aufgaben zu gewährleisten, ist es unabdingbar, zu Beginn der Einheit die Lernvoraussetzungen der Lernenden zu erfassen. „Sogenannte ‚Standortbestimmungen' dienen der fokussierten Feststellung individueller Lernstände zu bestimmten Zeitpunkten im Lehr- und Lernprozess. Dabei werden Kenntnisse, Fertigkeiten und Fähigkeiten zu einem Rahmenthema (z. B. Orientierung im Tausenderraum, Entdecker-Päckchen [...]) ermittelt, dessen Behandlung im Unterricht bevorsteht."[1]

Im Folgenden wurde eine Standortbestimmung erstellt, um die bestehenden Vorkenntnisse der Lernenden zum angestrebten Lernziel „Ich kann Fermi-Aufgaben bearbeiten" ermitteln zu können.

Da in der Literatur empfohlen wird, eine Kombination aus schriftlichen und mündlichen Standortbestimmungen durchzuführen, um ein möglichst genaues Bild über die momentanen Lernstände der Lernenden zu erhalten, berücksichtigt diese Standortbestimmung beide Faktoren.

„Zunächst bearbeiten die Kinder die schriftlichen Standortbestimmungen. Dann werden die Schülerinnen und Schüler oder zumindest einige von ihnen zu allen oder zu einigen Aufgaben befragt und umgekehrt erhalten sie Gelegenheit, der Lehrperson Fragen zu stellen oder allgemein Rückmeldung zu geben."[2] Es wird aber auch darauf hingewiesen, dass dies nicht immer aufgrund von geringer zeitlicher Ressourcen leistbar ist, weshalb die praktische Aufgabe nicht unbedingt durchgeführt werden muss.

Am Ende sollen die Lernenden anhand der Ampel eine Selbsteinschätzung vornehmen:

 Aufgabe war schwierig

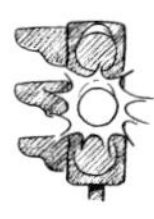 Aufgabe war mittelschwer

 Aufgabe war leicht

---

[1] Sundermann & Selter, 2006, S. 6

[2] PIK AS, abgerufen unter: https://pikas.dzlm.de/pikasfiles/uploads/upload/Material/Haus_9_-_Leistungen_wahrnehmen/FM/Modul_9.3/Sachinfos/M9_3_Sachinfos_Standortbestimmungen.pdf (Stand 07.12.2020)

Folgende Tabelle zeigt die gewählten Aufgaben und die damit verbundene Fehleranalyse kompakt zusammengefasst auf[3]:

| Aufgabe | Fehleranalyse |
|---|---|
| **1 bis 4** „Kannst du die folgenden Größen schätzen?“ | • Größenvorstellungen vorhanden<br>• Umrechnen und Rechnen innerhalb von Größen<br>• Schätzen<br>• Standardrepräsentanten kennen |
| **5** „Welche Informationen sind wichtig, um die Aufgabe lösen zu können? Unterstreiche.“ | • relevante von nicht relevanten Informationen unterscheiden können |
| **6** „Woher bekommst du schnell die Information, wie viele Kinder deine Schule besuchen?“ | • Medienkompetenz |
| **7** „Löse die Aufgabe. Zeichne eine Skizze und schreibe auch eine Antwort.“ | • eigene Lösungsideen und Lösungswege anwenden können<br>• Eigenproduktionen und Qualität dieser<br>• Darstellen der Lösungsidee<br>• Skizze anfertigen<br>• Modellieren<br>• Rechenfertigkeiten |
| **8** „Kannst du die Behauptung überprüfen?“ | • Lesekompetenz<br>• Problemlösekompetenz<br>• Qualität der Beschreibungen und Begründungen |
| **Praktischer Teil: „Kann das stimmen?“** | • eigene Lösungsideen und Lösungswege anwenden können<br>• Eigenproduktionen und Qualität dieser, Qualität der Beschreibungen und der Begründungen<br>• kritisch auf Zahlen schauen |

***Abb. 4*** Tabellarische Darstellung der Aufgaben und verbundenen Fehleranalyse – Sachaufgaben[4]

[3] vgl. Hacker & Lammel & Wichmann, 2006, S. 40
[4] vgl. ebd.

## Standortbestimmung: Das weiß ich schon! (1)

Name: ______________________________

**1. Wie schwer sind folgende Gegenstände? Kreuze an.**

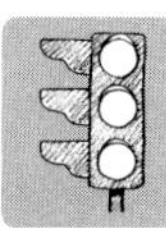

3 kg ☐ 3,5 t ☐ 24 t ☐ 2 g ☐ 1 kg ☐ 12 t ☐

**2. Schätze das Fassungsvermögen der folgenden Behälter.**

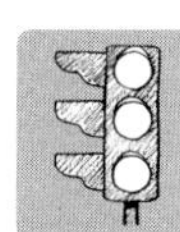

__________ __________ __________ __________ __________

**3. Schätze die Länge. Kreuze an.** 

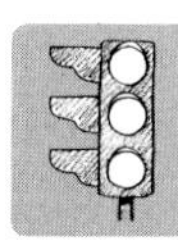

Ein Fingernagel ist 1 ... breit.

mm ☐ cm ☐ m ☐ km ☐

**4. Lies genau und schreibe die Uhrzeit auf die Linie.**

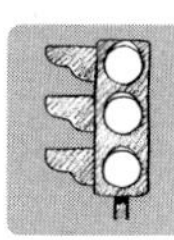

a) Es ist jetzt 14:00 Uhr. Wie spät ist es in 3 Stunden?

______________________________

b) Es ist jetzt 16:45 Uhr. Wie spät war es vor 30 Minuten?

______________________________

## Standortbestimmung: Das weiß ich schon! (2)

Name: ______________________________

**5. Welche Informationen sind wichtig, um die Aufgabe lösen zu können? Lies und unterstreiche.**

**Frage: Wie viele Fotos kann Felix noch machen?**

Mama, Papa, Oma und Felix sind fünf Tage im Urlaub. Sie machen einen Ausflug und entdecken dabei über 46 verschiedene Blumen und Pflanzen! Felix macht in dem Urlaub Fotos. Auf seiner Kamera ist Platz für 50 Fotos. Am ersten Tag macht er zwölf Fotos von Tieren. Nachts schlafen sie in einem Hotel. Am zweiten Tag macht Felix 21 Fotos. Felix isst am nächsten Tag auch ein Eis und zwei Brötchen. Am letzten Tag macht er nur noch zwei Fotos am Strand.

**6. Woher bekommst du schnell die Information, wie viele Kinder deine Schule besuchen? Kreuze an.**

Internet ☐ Buch ☐ Sekretärin ☐ Kinder zählen ☐

**7. Löse die Aufgabe. Zeichne eine Skizze und schreibe auch eine Antwort.**

**Frage: Wie lang ist ungefähr ihre Fahrtstrecke am fünften Tag?**

Manuel fährt mit seiner Familie in den Urlaub. Sie sind an fünf Tagen insgesamt 820 km mit dem Auto gefahren. In den ersten vier Tagen sind sie jeden Tag etwa 150 km gefahren.

## Standortbestimmung: Das weiß ich schon! (3)

Name: ______________________________

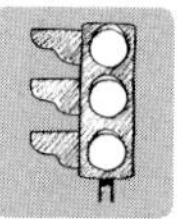

**8. Stimmt die folgende Behauptung? Begründe.**

„Ich behaupte, dass in die Wasserflasche zwei Flaschen Limo passen würden."

Wasser 1 l

Limo 0,5 l

Antwort: ______________________________

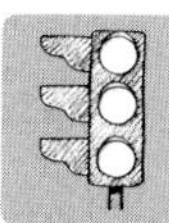

**9. Bearbeitet die folgende Aufgabe in einer Kleingruppe aus vier bis fünf Kindern.**

### „Die Kinderkette"

**Wenn alle Kinder deiner Klasse sich ab der Klassenzimmertür an die Hand nehmen, dann reicht eure Kinderkette bis zum Schultor.**

**Kann das stimmen?**

**Schreibt eure Überlegungen auf ein Blatt. Begründet eure Antwort.**

**Wichtig!**

Bei der Bearbeitung der Aufgabe sollen die Lernenden von einer Lehrkraft beobachtet und zu ihren Lösungsideen und Lösungswegen befragt werden. So können die Eigenproduktionen und Qualität dieser sowie die Qualität der Beschreibungen und der Begründungen notiert werden und Schlüsse für eine optimale Ermittlung des Lernstandes gezogen werden.

## Merkplakate zu den mathematischen Größen

Folgende Merkblätter sollen die Lernenden bei der Bearbeitung der nachfolgenden Etappen unterstützen. Umrechnungen innerhalb der Größen (Längen, Gewichte, Zeit und Hohlmaße) sowie das Kennen von typischen Repräsentanten stellen wichtige Grundvoraussetzungen dar, um Fermi-Aufgaben erfolgreich bearbeiten zu können.

Die Merkplakate können entweder vergrößert an der Wand oder Tafel angebracht oder den Lernenden ausgedruckt gegeben werden.

Es bietet sich an, die Merkplakate in eine Vorder- und Rückseite aufzuteilen. Auf der Vorderseite des Merkplakates befinden sich dann das Längenmaß, die Bedeutung sowie ein typischer Repräsentant für das Längenmaß. Auf der Rückseite befindet sich eine Umrechnungshilfe für die Lernenden. Dieser Arbeitsschritt muss, wenn gewünscht, selbst gebastelt werden.

Im Folgenden wird sich an den Standardrepräsentanten von Schipper, Ebeling und Dröge orientiert.[5]

[5] vgl. Schipper & Dröge & Ebeling, 2018

## Merkplakat 1: Längen

| Längenmaß | Bedeutung | Beispiel | Bild |
|---|---|---|---|
| 1 mm | 1 Millimeter | eine Bleistiftspitze | |
| 1 cm | 1 Zentimeter | ein Fingernagel | |
| 1 dm | 1 Dezimeter | eine Fingerbreite | |
| 1 m | 1 Meter | ein Schritt | |
| 1 km | 1 Kilometer | zehn Fußballfelder | |

**Umrechnung:**

mm →(:10)→ cm →(:10)→ dm →(:10)→ m →(:1000)→ km

mm ←(mal 10)← cm ←(mal 10)← dm ←(mal 10)← m ←(mal 1000)← km

## Merkplakat 2: Gewichte

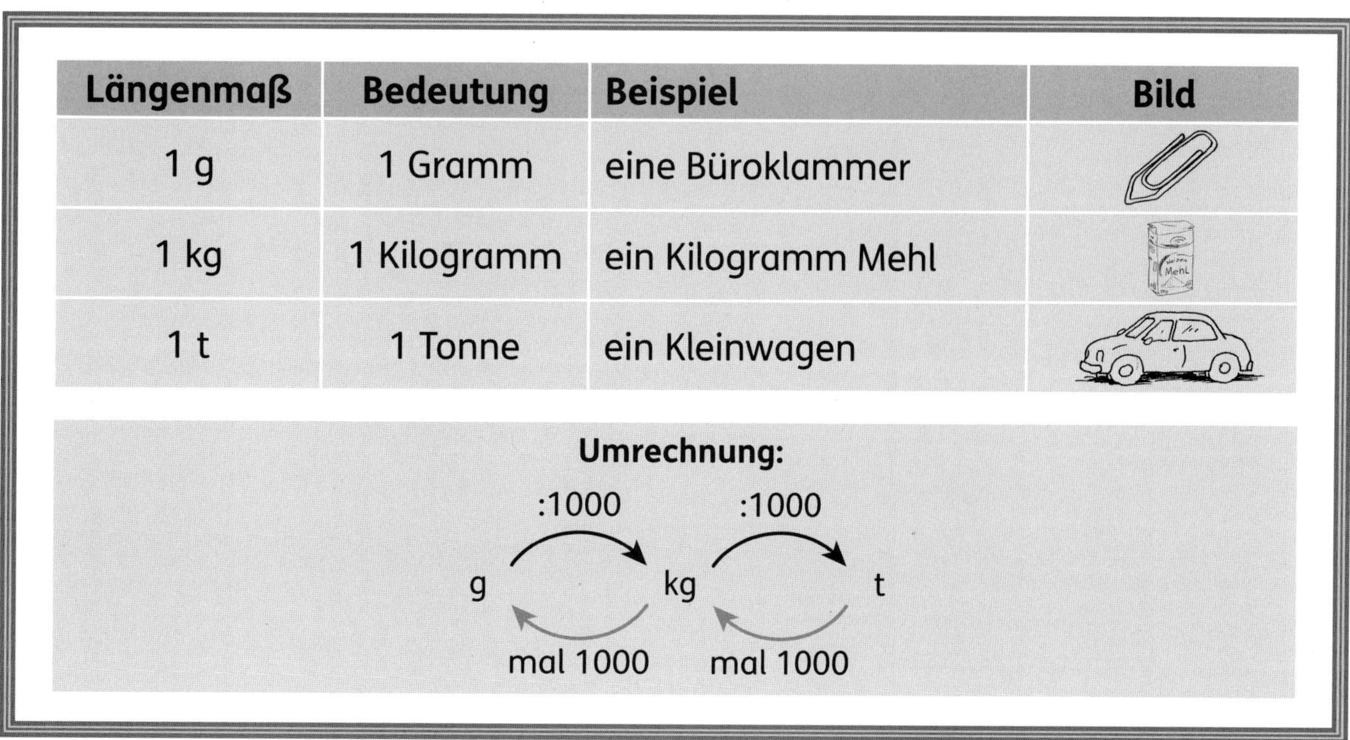

| Längenmaß | Bedeutung | Beispiel | Bild |
|---|---|---|---|
| 1 g | 1 Gramm | eine Büroklammer | |
| 1 kg | 1 Kilogramm | ein Kilogramm Mehl | |
| 1 t | 1 Tonne | ein Kleinwagen | |

**Umrechnung:**

g →(:1000)→ kg →(:1000)→ t

g ←(mal 1000)← kg ←(mal 1000)← t

## Merkplakat 3: Zeit

| Längenmaß | Bedeutung | Beispiel |
|---|---|---|
| 1 s | 1 Sekunde | einmal in die Hände klatschen |
| 1 min | 1 Minute | die Zeit für das Zählen von 1 bis 60 |
| 1 h | 1 Stunde | die Dauer eines Handballspiels ohne Pause |
| 1 d | 1 Tag | die Zeit zwischen 06:00 Uhr am Samstag und 06:00 Uhr am Sonntag |

**Umrechnung:**

s → :60 → min → :60 → h → :24 → d

d → mal 24 → h → mal 60 → min → mal 60 → s

## Merkplakat 4: Hohlmaße

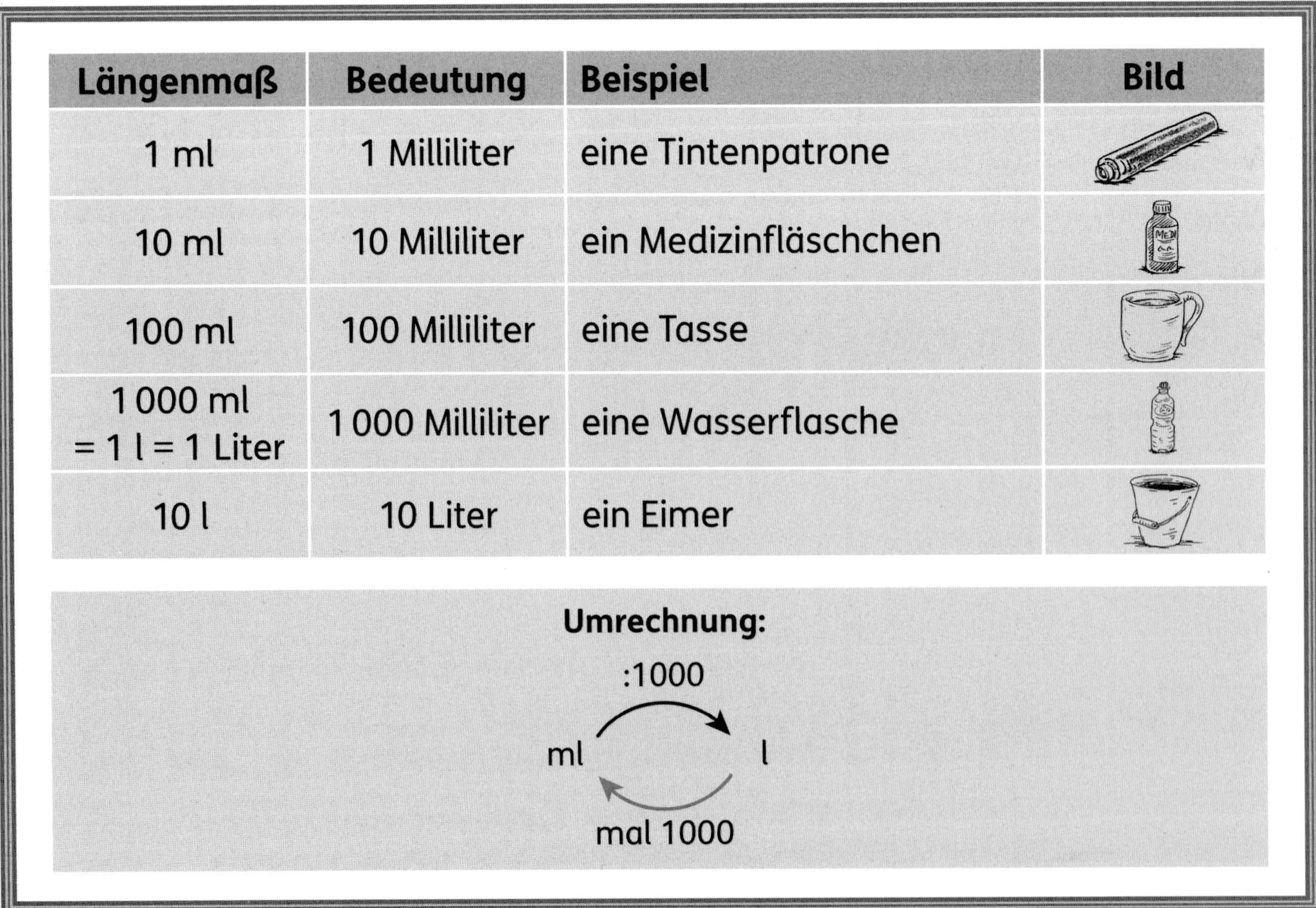

| Längenmaß | Bedeutung | Beispiel | Bild |
|---|---|---|---|
| 1 ml | 1 Milliliter | eine Tintenpatrone | |
| 10 ml | 10 Milliliter | ein Medizinfläschchen | |
| 100 ml | 100 Milliliter | eine Tasse | |
| 1 000 ml = 1 l = 1 Liter | 1 000 Milliliter | eine Wasserflasche | |
| 10 l | 10 Liter | ein Eimer | |

**Umrechnung:**

ml → :1000 → l

l → mal 1000 → ml

## Methodisch-didaktische Hinweise

Um Fermi-Aufgaben erfolgreich bearbeiten zu können, müssen die Lernenden im Umgang mit Medien geschult werden. Nur so können sie die wichtige Grundvoraussetzung des Sich-Informationen-Beschaffens im späteren Verlauf der Einheit anwenden, um Fermi-Aufgaben bearbeiten zu können. Es ist grundsätzlich zielführend und daher zu berücksichtigen, dass die jeweiligen empfohlenen, genutzten Informationsmedien oder Ansprechpartner über aktuelle und erforderliche Kenntnisse für die betreffenden Themen verfügen. Weiter ist es wichtig zu vermitteln, dass eine Differenzierung zur Auswahl der möglichst effektivsten Informationsquelle (beispielsweise Personen, Medien usw.) ressourcenschonend ist. Zudem ist auch im Hinblick auf die zu erzielende Ergebnisqualität eine entsprechende Auswahl sinnvoll und sollte mit den Lernenden in Unterrichtsgesprächen gemeinsam besprochen und erarbeitet werden.

Es bietet sich an, einen individuellen Fragenkatalog (Kartei) für die eigene Lerngruppe zu erstellen. Hierbei ist es wichtig zu beachten, dass die Lernenden darin geschult werden, die passenden Informationsquellen für eine schnelle Beschaffung dieser zu finden.

Folgende Fragestellungen können zum Einsatz kommen:

- Wie viele Einwohner hat eure Stadt/Gemeinde? (Internet)
- Welches Wort steht in eurem Wörterbuch auf Seite 20 ganz oben? (Buch)
- Wie alt ist euer Hausmeister? (Person befragen)
- Wann beginnen die Sommerferien in eurem Bundesland? (Internet)
- Wann fährt der Bus von eurer Schule zum Kino? (Busfahrplan)

Das Arbeitsblatt „Die Ideen der Klasse 4b“ kann im Anschluss an Unterrichtsgespräche und den Fragenkatalog zum Einsatz kommen, da die Lernenden hiermit die oben aufgeführten Medien, im Hinblick auf ihre Sinnhaftigkeit für eine schnelle Beschaffung der Informationen, untersuchen müssen. Arbeitsauftrag 6 sollte in einem Unterrichtsgespräch bearbeitet werden.

Arbeitsmaterialien: Die Ideen der Klasse 4b

**Arbeite mit einem Partner zusammen.**

**1. Lest den Text gemeinsam.**

## Die Ideen der Klasse 4b

Die Klasse 4b der Wiesengrundschule möchte herausfinden, wie viele Kühe benötigt werden, um die ganze Schule eine Woche lang mit Milch zu versorgen. Die Kinder überlegen gemeinsam, wie sie diese Aufgabe lösen können.

„Das ist doch total einfach“, ruft Paul.

„Wir haben alle Schüler der Schule, wenn wir in jede Klasse gehen und sie zählen“, sagt er.

Kim hat eine andere Idee. Sie möchte auf der Homepage der Schule nach der Schülerzahl der Wiesengrundschule suchen.

„Wir können auch schnell zu Frau Meier, unserer Schulsekretärin, gehen, sie muss die genaue Schülerzahl haben und sie weiß auch, wer noch an unserer Schule arbeitet“, stellt Cem fest.

**2. Unterstreicht die Ideen der drei Kinder in unterschiedlichen Farben.**

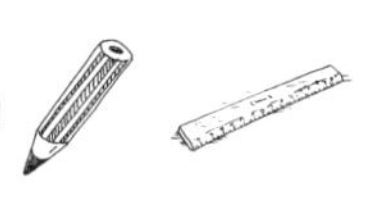

**3. Ergänzt die Tabelle mit den Ideen der Kinder.**

| Pauls Idee | Kims Idee | Cems Idee |
| --- | --- | --- |
| | | |
| | | |
| | | |
| | | |
| | | |
| | | |
| | | |

**4. Beurteilt die Ideen der Kinder.**

**Welche Idee würdet ihr wählen? Begründet eure Antwort.**

**5. Beurteilt die folgenden Aussagen zu den Ideen der Kinder. Kreuzt an und begründet.**

**a) Pauls Idee:** Schüler in den Klassen zählen

**Aussage 1:** Paul bekommt schnell die genauen Schülerzahlen.

☐ Stimmt, weil ... ____________________

____________________

☐ Stimmt nicht, weil ...

____________________

**Aussage 2:** Durch Pauls Idee werden alle Personen der Wiesengrundschule gezählt.

☐ Stimmt, weil ... ____________________

____________________

☐ Stimmt nicht, weil ... ____________________

____________________

**b) Kims Idee:** Auf der Homepage nach der Schülerzahl suchen

**Aussage 1:** Kim bekommt schnell die genauen Schülerzahlen.

☐ Stimmt, weil ... ____________________

____________________

☐ Stimmt nicht, weil ... ____________________

____________________

**Aussage 2:** Kim wird alle Personen der Wiesengrundschule auf der Homepage finden.

☐ Stimmt, weil ... ______________________

______________________

☐ Stimmt nicht, weil ... ______________________

______________________

c) **Cems Idee:** Die Schulsekretärin fragen

**Aussage 1:** Cem bekommt schnell die genauen Schülerzahlen.

☐ Stimmt, weil ... ______________________

______________________

☐ Stimmt nicht, weil ... ______________________

______________________

**Aussage 2:** Die Schulsekretärin kann Cem genau sagen, wie viele Personen auf die Wiesengrundschule gehen.

☐ Stimmt, weil ... ______________________

______________________

☐ Stimmt nicht, weil ... ______________________

______________________

**Unterrichtsgespräch**

Nachdem die Kinder der Klasse 4b die Ideen von Paul, Kim und Cem besprochen haben, stimmen sie ab und entscheiden sich für Cems Idee. Cem freut sich und die Kinder der Klasse 4b machen sich gespannt auf den Weg zu ihrer Schulsekretärin.

**6. Haben die Kinder der Klasse 4b die richtige Entscheidung getroffen? Begründet eure Antwort.**

Methodisch-didaktische Hinweise

Schätzen wird von Marianne Franke als „das Ermitteln einer ungefähren Größenangabe durch gedankliches Vergleichen mit eingeprägten Repräsentanten“[6] definiert und hat folglich nichts mit Raten zu tun.

Es können sowohl Größen, wie etwa Zeitspannen, Längen oder Hohlmaße, geschätzt werden als auch Zahlen beziehungsweise Anzahlen oder Mengen. Franke weist darauf hin, dass es wichtig ist, den Kindern Aufgaben anzubieten, bei denen gar kein genauer Wert ermittelt werden kann oder soll, um das Schätzen nicht von Anfang an als minderwertig abzuqualifizieren.[7] Fermi-Aufgaben bieten hier eine tatsächliche Notwendigkeit, Schätzergebnisse zu nutzen und diese statt mit *richtig* und *falsch* nach der Brauchbarkeit zu bewerten. So können die Lernenden erfahren, wann eine exakte und wann eine ungefähre Zahlen- bzw. Größenangabe erforderlich und sinnvoll ist.[8]

## Das Überschlagen

Beim begründeten Schätzen spielt das Überschlagen eine wichtige Rolle. Nach Oehl geht es beim Überschlagen darum, „Zahlen, die normalerweise für das Kopfrechnen nicht mehr infrage kommen, so zu vereinfachen, dass die Operation schnell im Kopf ausgeführt werden kann.“[9] Somit spielt auch das Runden eine große Rolle.

Voraussetzungen für begründetes Schätzen stellen das Lösen von Problemen, ein Gefühl für Zahlen und das Anwenden von vorhandenen Größenvorstellungen dar. Da diese Voraussetzungen viel Übung und Zeit benötigen, werden in diesem Kapitel drei verschiedene Aufgabenformate vorgestellt, die die Lernenden dazu anleiten sollen, in möglichst vielen Situationen gute bzw. begründete Schätzungen abgeben zu können.

Ziel ist es, die Größenvorstellungen der Lernenden zu verbessern, ihre mathematischen Fertigkeiten zu erweitern und den Erwerb von Stützpunktvorstellungen und Messkompetenz im Bereich der Hohlmaße sowie das Vergleichen von Größen und den operativen Umgang mit ihnen zu verbessern.[10]

[6] Franke & Ruwisch, 2003, S. 254
[7] vgl. ebd.
[8] vgl. Krauthausen & Scherer, 2010, S. 100
[9] Blankenagel, 1983, S. 280
[10] vgl. Küster, 2019, S. 26

## 1. Übersicht über die Einheit „Begründet schätzen“

**Inhaltsfelder:** Zahl und Operation, Größen und Messen, Raum und Form

**Lernziele der Unterrichtseinheit:** Die Lernenden erweitern und vertiefen ihre Kompetenzen in den Bereichen **Kommunizieren** und **Umgehen mit symbolischen, formalen und technischen Elementen**, indem sie

- mit eingeführten mathematischen Fachbegriffen ihre Vorgehensweisen und Lösungswege beschreiben, nachvollziehen und gemeinsam mit anderen reflektieren.
- neben der Umgangssprache auch Fachsprache nutzen, in Sachzusammenhängen Fachsprache in Umgangssprache übersetzen und umgekehrt sowie Messgeräte (Messbecher) sachgerecht und anforderungsbezogen einsetzen.

## Lernziele der Unterrichtsstunden:

**Wissensebene:** Die Lernenden verfügen über Kenntnisse zum Ermitteln einer ungefähren Größenangabe durch gedankliches Vergleichen mit eingeprägten Repräsentanten als Stützpunkte, indem sie verschiedene Schätzaufgaben bearbeiten und ihre dabei verwendeten Strategien dokumentieren.

**Kompetenzebene:** Die Lernenden erweitern ihre sprachliche Kompetenz in Bezug auf die Verwendung von mathematischen Fachbegriffen, indem sie ihre Arbeitsergebnisse sachgerecht präsentieren.

**Kooperationsebene:** Die Lernenden schulen ihre Sozialkompetenz, indem sie sich gegenseitig bei der Partnerarbeit unterstützen und gemeinsam die Schätzaufgaben erarbeiten.

## 2. Aufbau der Einheit

| Stichwortartige Beschreibung des Verlaufs | Kompetenzerweiterung Kerncurriculum | Inhaltliche Kompetenzen |
|---|---|---|
| • Was ist Schätzen?<br>• Schätzbilder kennenlernen<br>• Rahmen als Hilfsmittel kennenlernen<br>• Strategien beim Schätzen von Flüssigkeitsmengen erlernen | • Lernkompetenz<br>• Sprachkompetenz<br>• Sozialkompetenz<br>• Kommunizieren<br>• Argumentieren<br>• Problemlösen<br>• Darstellen<br>• Umgehen mit technischen Elementen | Die Lernenden können verschiedene Strategien für das begründete Schätzen zur Bearbeitung von Schätzaufgaben heranziehen und ihre Auswahl begründen. |

## 3. Differenzierungsmöglichkeiten während der Unterrichtsstunden

Da sich die Lernenden während der Arbeitsphase helfen und unterstützen sollen, wird empfohlen, heterogene Lerngruppen zu bilden. Nach einer gemeinsamen Einführung üben und vertiefen die Lernenden die erlernte Methode.

**Hinweis zum Versuch „Wer wird Schätzkönig?“:** Als Differenzierung kann eine Markierung bei 500 ml auf der Flasche angebracht werden. Es wird empfohlen, das Wasser zu färben.

## 4. Möglicher Ablauf einer Stunde zum Thema „Begründet schätzen“

Es erfolgt eine kurze tabellarische Abbildung eines geplanten Unterrichtsverlaufs. Dieser soll lediglich als Anregung dienen, da immer die aktuellen, unterrichtsrelevanten Kriterien (z. B. Lerngruppe) beachtet werden müssen.

| Phase/Zeit | Geplantes Unterrichtsgeschehen | Sozialform, Material |
|---|---|---|
| **Thematischer Einstieg**<br>**Ca. 5 Min.** | • Themenleine<br>• Wiederholung der letzten Mathematikstunde<br>• Stundenlernziel | Unterrichtsgespräch, Sitzkreis |
| **Orientierung**<br>**Ca. 1 Min.** | • Erklärung des Stundenaufbaus | Unterrichtsgespräch, Sitzkreis<br>Themenleine |
| **Hinführung**<br>**Ca. 5 Min.** | • stummer Impuls eines Schätzbildes<br>• Ideen sammeln für eine möglichst genaue Bestimmung der Menge/Anzahl<br>• Schätzungen schriftlich festhalten | Schätzbild<br><br>Kinositz |
| **Arbeitsphase**<br>**Ca. 20 Min.** | Bearbeitung eines Schätzbildes in Partnerarbeit | Partnerarbeit<br>Arbeitsaufträge<br>Hilfskarte<br>Rastervorlage |
| **Reflexion**<br>**Ca. 13 Min.** | Es wird den Lernenden die Möglichkeit gegeben, ihre Erfahrungen zum Lernvorgang zu äußern.<br>• Erläuterung einzelner Lösungsideen | Kinositz<br>Unterrichtsgespräch |
| **Abschluss**<br>**Ca. 1 Min.** | Die Lehrkraft entlässt die Lernenden mit einer Rückmeldung zu deren Arbeits- und Sozialverhalten. | Sitzkreis<br>Unterrichtsgespräch |

## 5. Material für die Arbeitsblätter

Das Raster (Hilfskarte) muss auf eine Overheadfolie kopiert oder mit dem Beamer projiziert werden. Nach der Bearbeitung des ersten Arbeitsblatts „Viele Steckwürfel (1)“ muss das Vorgehen und die Nutzung eines Rasters als Hilfswerkzeug in einem gemeinsamen Unterrichtsgespräch besprochen und gesichert werden. Für den Versuch „Wer wird Schätzkönig?“ werden 1-Liter-Flaschen, Eimer und Messbecher benötigt. Der Arbeitsauftrag für den Versuch sollte laminiert werden.

 Einführung einer Methode zum begründeten Schätzen

 Anwendung der zuvor gelernten Methode

 Übungsaufgabe (Hohlmaße) mit Forscherauftrag

## Materialvorlagen

### Schätzbild „Viele Steckwürfel“

**Raster für die Hilfskarte:**

| | | |
|---|---|---|
| | | |
| | | |
| | | |

Arbeitsmaterialien: Viele Steckwürfel (1)

**Arbeite mit einem Partner zusammen.**

**Ihr benötigt:**

- das Schätzbild „Viele Steckwürfel“

Mia und Jan möchten herausfinden, wie viele Steckwürfel es in ihrer Klasse gibt. Sie nehmen sich die Kiste mit den Steckwürfeln und schütten sie aus.

**1. Schätzt die Anzahl der Steckwürfel auf dem Schätzbild.**

- Begründet eure Entscheidung und tragt die Zahl in das Kästchen ein.
- Ihr dürft die Steckwürfel nicht zählen!

**Geschätzte Anzahl der Steckwürfel:**

**2. Beschreibt euer Vorgehen.**

Arbeitsmaterialien: Viele Steckwürfel (2)

**Arbeite mit einem Partner zusammen.**

**Ihr benötigt:**
- das Schätzbild „Viele Steckwürfel"
- Mias Hilfskarte (Raster)

Mia hatte eine Idee, um schnell und möglichst genau die Anzahl der Steckwürfel zu bestimmen.

**1. Nehmt Mias Hilfskarte und legt diese über das Schätzbild.**
**Erklärt, wie euch Mias Hilfskarte helfen kann, um möglichst genau die Anzahl der Steckwürfel zu bestimmen.**

- Beschreibt das Vorgehen bei der Methode mit der Hilfskarte (Raster).

______________________________________________

______________________________________________

______________________________________________

**Lösung:**

Arbeitsmaterialien: Viele Steckwürfel (3)

**Arbeite mit einem Partner zusammen.**

**Ihr benötigt:**

- das Schätzbild „Viele Steckwürfel"
- Mias Hilfskarte (Raster)
- Vorlage Forscherauftrag

Jan möchte jetzt noch schnell und möglichst genau die Anzahl der unterschiedlichen Farben bestimmen. „Das wird aber ganz schon schwierig!", sagt Mia. Könnt ihr den beiden helfen?

1. **Schätzt die Anzahl der schwarzen, grauen und weißen Steckwürfel auf dem Schätzbild.** 
   - Begründet eure Entscheidung und tragt die Anzahl in die Tabelle ein.

**Geschätzte Anzahl der Steckwürfel:**

| schwarze Steckwürfel | graue Steckwürfel | weiße Steckwürfel |
|---|---|---|
| | | |

2. **Beschreibt euer Vorgehen.**

_______________________________________________

_______________________________________________

_______________________________________________

_______________________________________________

_______________________________________________

3. **Bearbeitet den Forscherauftrag.** 

**Forscherauftrag:**

Beschreibt die Schwierigkeit bei dieser Aufgabe.

**Forscherauftrag:**

Beschreibt die Schwierigkeit bei dieser Aufgabe.

**Forscherauftrag:**

Beschreibt die Schwierigkeit bei dieser Aufgabe.

 Versuch: Wer wird Schätzkönig?

**Arbeite mit einem Partner zusammen.**

**1. Führt den Versuch durch.**

**Ihr benötigt:**

- einen Eimer
- zwei 1-Liter-Flaschen mit Wasser (für jeden eine Flasche)
- zwei Messbecher

**So geht's:**

1) Jeder schüttet aus seiner großen Flasche so viel Wasser in den Eimer, bis er denkt, dass in seiner Flasche nur noch 400 ml Wasser enthalten sind.
2) Wenn jeder der Meinung ist, dass 400 ml Wasser in seiner großen Flasche enthalten sind, messt mit dem Messbecher nach. Sieger ist, wer am nächsten an 400 ml ist.
3) Schüttet das Wasser aus den Messbechern in den Eimer und stellt euer komplettes Material zurück auf den Materialtisch.

**2. Bearbeitet den Forscherauftrag.** 

**Forscherauftrag:**

Wie bist du beim Schätzen vorgegangen?

**Meine Strategie funktioniert wie folgt:**

Erklärt euch eure Strategie.

**Forscherauftrag:**

Wie bist du beim Schätzen vorgegangen?

**Meine Strategie funktioniert wie folgt:**

Erklärt euch eure Strategie.

## Methodisch-didaktische Hinweise

Sachaufgaben (bildlich, sprachlich oder konkret präsentiert) können gelöst werden, indem die Situation in ein mathematisches Modell überführt wird, dieses innermathematisch bearbeitet wird und die Lösung in Beziehung zur Ausgangssituation gesetzt wird.[11] Diese Modellierungskompetenzen müssen die Lernenden erlernen und immer wieder anwenden.

Der Modellierungskreislauf verdeutlicht die Wege vom Problem zum für die Aufgaben genutzten Modell und von dort zurück zur Problemstellung, um die Lösungen auf die Sachsituation zu beziehen und auf Plausibilität zu überprüfen.[12]

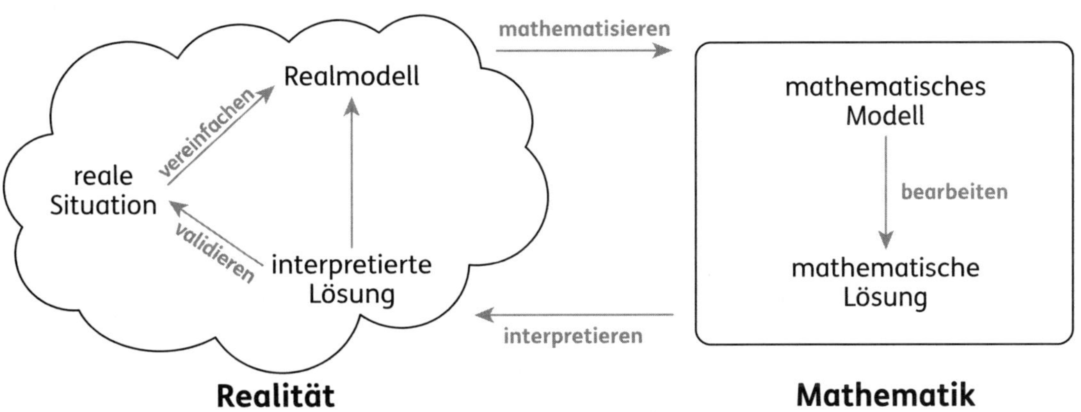


Modellierungsprozess nach Maaß (2011)[13]

Insgesamt ist das Modellieren ein komplexer Prozess, bei dem immer wieder zwischen verschiedenen Schritten gewechselt wird.[14] Die einzelnen Teilprozesse des Modellierungsvorganges können zunächst einzeln geübt werden, um die Komplexität zu reduzieren und die gezielte Auseinandersetzung mit ihnen zu fördern.[15]

Franke hat die Bearbeitungshilfen, die den Aufbau des Realmodells sowie den Teilschritt des Mathematisierens vom Real- zum mathematischen Modell unterstützen, zusammengefasst.[16]

---

[11] vgl. Franke & Ruwisch, 2003, S. 65
[12] vgl. Selter & Zannetin, 2019, S. 18 f.
[13] Maaß, 2011, S. 4
[14] vgl. ebd.
[15] primakom, abgerufen unter: https://primakom.dzlm.de/inhalte/gr%C3%B6%C3%9Fen-und-messen/zum-sachrechnen-der-grundschule/hintergrund (Stand 07.12.2020)
[16] vgl. Franke & Ruwisch, 2003, S. 98 f.

1. **Bearbeitungshilfen zur Analyse der Situation**
   a) (mehrmaliges) Lesen des Textes
   b) Nacherzählen oder Nachspielen
   c) wichtige Informationen erkennen und unterstreichen
2. **Bearbeitungshilfen zur Modellbildung**
   a) handelndes Bearbeiten
   b) Skizze und Streckendiagramm
   c) Diagramme
   d) Tabellen
   e) Rechenbäume

Beim Lösen der Sachaufgaben sollen Bearbeitungshilfen für Lernende im Laufe der Zeit eine wirkliche Hilfe werden und keine zusätzliche Anstrengung darstellen. Um dieses Ziel zu erreichen, ist es hilfreich, schon von Beginn an die einzelnen Bearbeitungshilfen mit den Kindern zu thematisieren und nach und nach einzuüben. Hier ist es sinnvoll, Aufgaben auszuwählen, bei denen eine Modellierung mithilfe einer Bearbeitungshilfe tatsächlich vereinfacht wird. Sehr gute Aufgabenformate zu diesem Bereich sind bei PIK AS zu finden.[17]

[17] vgl. PIK AS, abgerufen unter: https://pikas.dzlm.de/material-pik/herausfordernde-lernangebote/haus-7-unterrichts-material/sachrechenprobleme (Stand 07.12.2020)

## 1. Übersicht über die Einheit „Bearbeitungshilfen“

**Inhaltsfelder:** Zahl und Operation, Raum und Form, Größen und Messen, Daten und Zufall

**Lernziele der Unterrichtseinheit:** Die Lernenden erweitern und vertiefen ihre Kompetenzen in den Bereichen **Kommunizieren**, **Problemlösen**, **Modellieren** und **Darstellen**, indem sie

- passende Bearbeitungshilfen beim Modellieren der einzelnen Sachrechenprobleme auswählen und anwenden.

### Lernziele der Unterrichtsstunden:

**Wissensebene:** Die Lernenden verfügen über Kenntnisse zum Finden einer passenden Bearbeitungshilfe für die verschiedenen Sachrechenprobleme und können diese im Modellierungsprozess sinnvoll anwenden.

**Kompetenzebene:** Die Lernenden erweitern ihre sprachliche Kompetenz in Bezug auf die Verwendung von mathematischen Fachbegriffen, indem sie ihre Arbeitsergebnisse sachgerecht präsentieren und die Ergebnisse anderer Kinder bewerten.

**Kooperationsebene:** Die Lernenden schulen ihre Sozialkompetenz, indem sie sich gegenseitig bei der Gruppenarbeit unterstützen und gemeinsam Sachrechenprobleme lösen.

## 2. Aufbau der Einheit

| Stichwortartige Beschreibung des Verlaufs | Kompetenzerweiterung Kerncurriculum | Inhaltliche Kompetenzen |
|---|---|---|
| • verschiedene Bearbeitungshilfen kennenlernen und anwenden<br>• zu verschiedenen Sachrechenproblemen die passenden Bearbeitungshilfen auswählen<br>• Sachrechenprobleme mithilfe verschiedener Bearbeitungshilfen lösen<br>• Begründung der Plausibilität der eigenen wie auch fremder Lösungen | • Lernkompetenz<br>• Sprachkompetenz<br>• Sozialkompetenz<br>• Kommunizieren<br>• Argumentieren<br>• Problemlösen<br>• Darstellen<br>• Modellieren | Die Lernenden können eine passende Bearbeitungshilfe für die verschiedenen Sachrechenprobleme auswählen und diese im Modellierungsprozess sinnvoll anwenden. |

## 3. Differenzierungsmöglichkeiten während der Unterrichtsstunden

Um den unterschiedlichen Lernvoraussetzungen und Begabungen der Lernenden gerecht zu werden, werden bei der Anwendung von Bearbeitungshilfen homogene Lerngruppen empfohlen. Die einzelnen Aufgaben können auf unterschiedlichem Anforderungsniveau angeboten werden.

## 4. Hinweise zur Arbeit mit dem Material

Das folgende Unterrichtsmaterial bietet einen kleinen Einblick in mögliche Aufgabenvariationen zu den einzelnen Bearbeitungshilfen (Analyse der Situation und Modellbildung). Die angebotenen Aufgaben sind lediglich Beispiele, die für sich allein nicht ausreichen, um mit den Lernenden die einzelnen Bearbeitungshilfen zu erarbeiten. Sollten Sie feststellen, dass Ihre Klasse bei einzelnen Bearbeitungshilfen noch nicht sicher genug in der Anwendung ist, sollten hier gemeinsam weitere Aufgaben bearbeitet werden.

Arbeitsmaterialien: Das Klassenfest
(Wichtige Informationen erkennen und markieren)

**Arbeite mit einem Partner zusammen.**

**1. Lies die Sätze in der Tabelle allein durch.**

| | wichtig | unwichtig |
|---|---|---|
| Die Klasse 3a der Grundschule in Echzell möchte nächstes Wochenende ein Sommerfest organisieren. | | |
| Das Fest musste wegen der Corona-Pandemie leider schon mal ausfallen. | | |
| Die Kinder möchten Hotdogs verkaufen, eine Disco aufbauen und Cocktails mixen. | | |
| In der Klasse sind 16 Kinder und insgesamt haben sich 34 Gäste angekündigt. Auch zwei Lehrerinnen werden kommen. | | |
| Der Wetterbericht hat für das Wochenende gutes Wetter angekündigt. | | |
| Fünf Kinder kaufen für die Hotdogs ein, fünf Kinder besorgen die Zutaten für die Cocktails und der Rest baut die Disco auf. | | |
| Die Hotdog-Gruppe möchte sich einen Einkaufszettel schreiben. Jeder Gast soll zwei Hotdogs bekommen. | | |

**2. Erzähle deinem Partner, worum es in der Rechengeschichte geht.** 

**3. Welche Informationen sind wichtig, damit ihr den Einkaufszettel schreiben könnt? Kreuzt an.**

**4. Welche Informationen benötigt ihr ganz genau? Markiert.**

Arbeitsmaterialien: Das Klassenfest
(Dem Text wichtige Informationen entnehmen)

**Arbeite mit einem Partner zusammen.**

**1. Lest den Text.**

Die Klasse 3a der Grundschule in Echzell möchte nächstes Wochenende ein Sommerfest organisieren. Das Fest musste wegen der Corona-Pandemie leider auch schon mal ausfallen. Die Kinder möchten Hotdogs verkaufen, eine Disco aufbauen und Cocktails mixen. In der Klasse sind 16 Kinder und insgesamt haben sich 34 Gäste angekündigt. Auch zwei Lehrerinnen werden kommen. Der Wetterbericht hat für das Wochenende gutes Wetter angekündigt. Fünf Kinder kaufen für die Hotdogs ein, fünf Kinder besorgen die Zutaten für die Cocktails und der Rest baut die Disco auf. Die Hotdog-Gruppe möchte sich einen Einkaufszettel schreiben. Jeder Gast soll zwei Hotdogs bekommen. Wie könnte der Zettel aussehen?

**2. Beantwortet die Fragen und markiert die Textstelle, die dazu passt.**

| | |
|---|---|
| Wer möchte ein Sommerfest organisieren? | |
| Welche Angebote soll es an dem Fest geben? | |
| Wie viele Personen werden an dem Fest teil-nehmen? | |
| Wie viele Hotdogs werden benötigt? | |
| Was braucht man eigentlich alles für Hot-dogs? | |

## Einkaufszettel

Der gemeinsame Schulweg (Eine Skizze vereinfachen)

**1. Lies den Text.**

Nach den Sommerferien wollen sich David, Karlsson, Noa, Lilly und Amelie vor der Schule am Gemeindehaus treffen, um gemeinsam mit dem Rad zur Schule zu fahren.

Der Unterricht beginnt um 7:45 Uhr.

David und Karlsson wohnen nebeneinander, direkt neben dem Gemeindehaus.

Lilly und Noa wohnen auch direkt nebeneinander. Zu David und Karlsson ist der Weg aber nicht weit. In 3 Minuten sind sie schon da.

Amelie wohnt unten im Dorf. Sie holt morgens erst Lilly ab. Zu Lilly braucht sie 5 Minuten. Lilly, Noa und Amelie haben echt Pech. Sie müssen zum Treffpunkt bergauf fahren.

Vom Gemeindehaus brauchen die Kinder 10 Minuten bis zum Fahrradständer an der Schule und dann noch 5 Minuten bis in die Klasse.

**2. Welche Dinge in der Skizze sind überflüssig? Streiche durch.**

**3. Was kannst du vereinfachen? Kreise rot ein!**

**4. Versuche, eine bessere Skizze zu zeichnen.**
**Die Tipps helfen dir.**

| | |
|---|---|
| • einfache Symbole verwenden | |
| • Unwichtiges weglassen | |
| • Namen abkürzen | ~~Da wohnt Amelie~~ **A** |
| • Zeitspannen mit Pfeilen einzeichnen | 5 min → |

**5. Kannst du diese Fragen jetzt mithilfe deiner Skizze beantworten?**

- Wann müssen sich die Kinder am Gemeindehaus treffen?

- Wann muss Noa zu Hause losfahren?

- Wie lange dauert Amelies Schulweg?

- Wie viele Minuten legen die Kinder gemeinsam zurück?

**6. Denke dir selbst Fragen zur Rechengeschichte aus.**

In den Sommerferien (Eine Skizze vervollständigen)

**Arbeite mit einem Partner zusammen.**

**1. Lest den Text.**

Paula und Max wollen sich in den Sommerferien treffen und gemeinsam ins Freibad fahren. Paula wohnt in Neustadt und Max in Altstadt. Das Freibad ist in Mittelstadt.

Paula und Max wollen sich um 14:00 Uhr an der Kreuzung zwischen Altstadt und Neustadt treffen und dann gemeinsam noch 5 km nach Mittelstadt zum Freibad fahren. Die Kreuzung ist 6 km von Paulas Zuhause und 4 km von Max' Zuhause entfernt. Pro km benötigen beide 4 Minuten.

**2. Unterstreicht wichtige Informationen im Text.**

## 3. Beantwortet die Hilfsfragen.

| | |
|---|---|
| Um wen geht es in der Aufgabe? | |
| Wohin wollen die Kinder fahren? | |
| Wo treffen sich die beiden? | |
| Wie viele km muss Max bis zum Treffpunkt fahren? | |
| Wie viele km muss Paula bis zum Treffpunkt fahren? | |
| Wie lange benötigt Max bis zum Treffpunkt? | |
| Wie lange benötigt Paula bis zum Treffpunkt? | |
| Wie lange dauert die gemeinsame Fahrt? | |

## 4. Vervollständigt die Skizze.

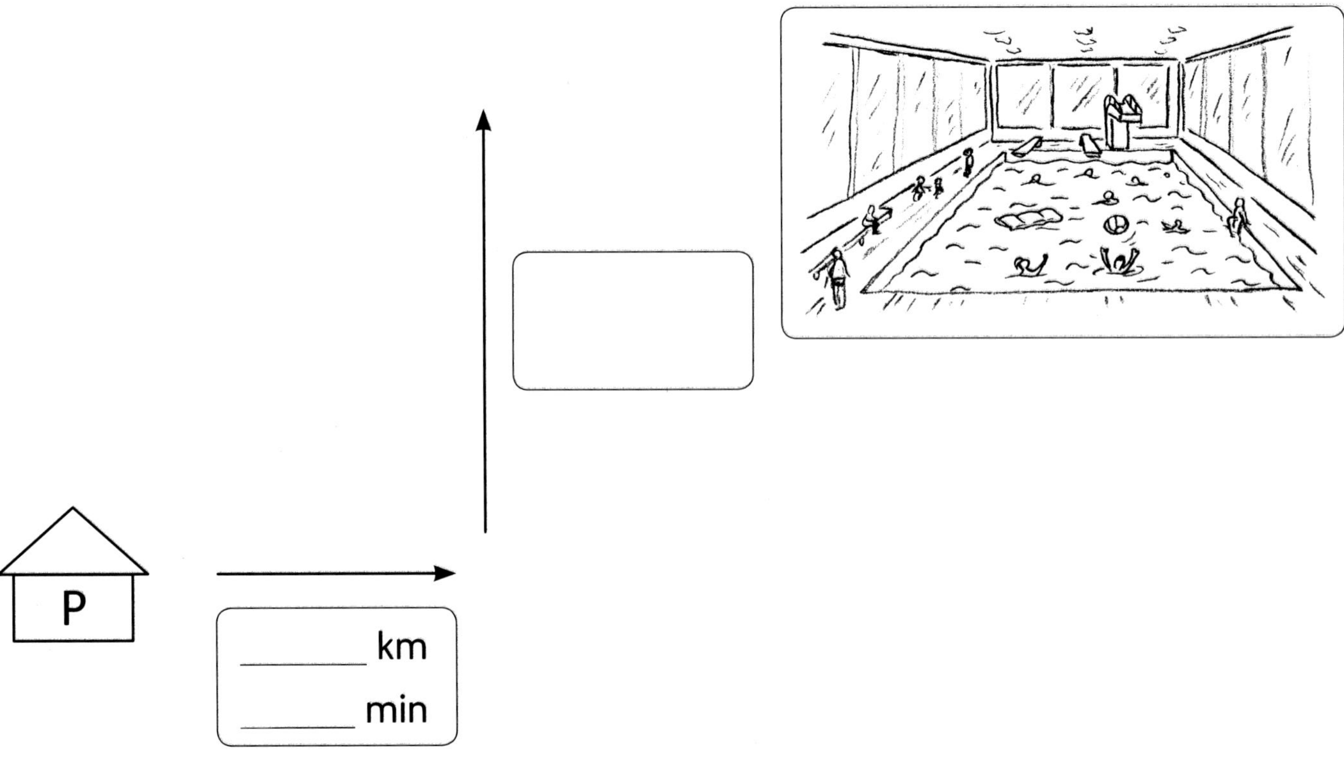

**5. Löst die Aufgaben.**

→ Wann müssen Paula und Max losfahren, damit sie pünktlich am Treffpunkt sind?

→ Wann kommen die beiden im Freibad an?

## Meine Rechnungen

Der Zoobesuch (Eine Tabelle anlegen)

**Arbeite mit einem Partner zusammen.**

**1. Lest den Text und die Eintrittspreise.**

Die Klassen 3 und 4 der Grundschule Launsbach möchten in den Zoo gehen. In den Klassen sind insgesamt 78 Kinder. Begleitet werden die Kinder von einem Lehrer, zwei Lehrerinnen und drei Vätern.

Die Kinder schauen sich die Eintrittspreise an und überlegen, welche Kombination für die Klasse am günstigsten ist.

**Eintrittspreise Zoo**

| | |
|---|---|
| Erwachsene | 9,50 € |
| Kinder | 4,50 € |
| Familienkarte | 20,00 € |
| **Gruppenpreise:** | |
| 10er-Karte | 40,00 € |
| 5er-Karte | 25,00 € |

**2. Vervollständigt die Tabelle und füllt sie aus.**

| Anzahl | Preis |
|---|---|
| **Einzelkarten** | |
| 1 Kind | 4,50 € |
| 3 Kinder | |
| 5 ___________ | |
| 10 ___________ | |
| 1 Erwachsener | |
| 5 ___________ | |
| **Gruppenkarten** | |
| 5er-Karte | |
| _______________ | |

**3. Findet mithilfe der Tabelle die günstigste Kombination für den Eintritt. Welche Karten müssen an der Kasse gekauft werden?**

An der Imbissbude (Einen Rechenbaum aufzeichnen)

**Arbeite mit einem Partner zusammen.**

**1. Lest den Text und die Speisekarte.**

Layla geht mit ihrer Familie zu einer Imbissbude. Auf der Speisekarte stehen viele leckere Dinge. Layla möchte gerne eine Wurst mit einer Beilage essen und etwas dazu trinken.

## Speisekarte

| Würstchen | |
|---|---|
| Bratwurst | 2,80 € |
| Currywurst | 3,50 € |
| **Beilagen** | |
| Brötchen | 0,80 € |
| Pommes | 2,50 € |
| kleiner Salat | 2,00 € |
| **Getränke** | |
| Limonade | 2,00 € |
| Saft | 2,00 € |
| Wasser | 1,50 € |

**2. Findet mithilfe des Rechenbaumes heraus, wie viele verschiedene Menüs Layla zusammenstellen kann.**

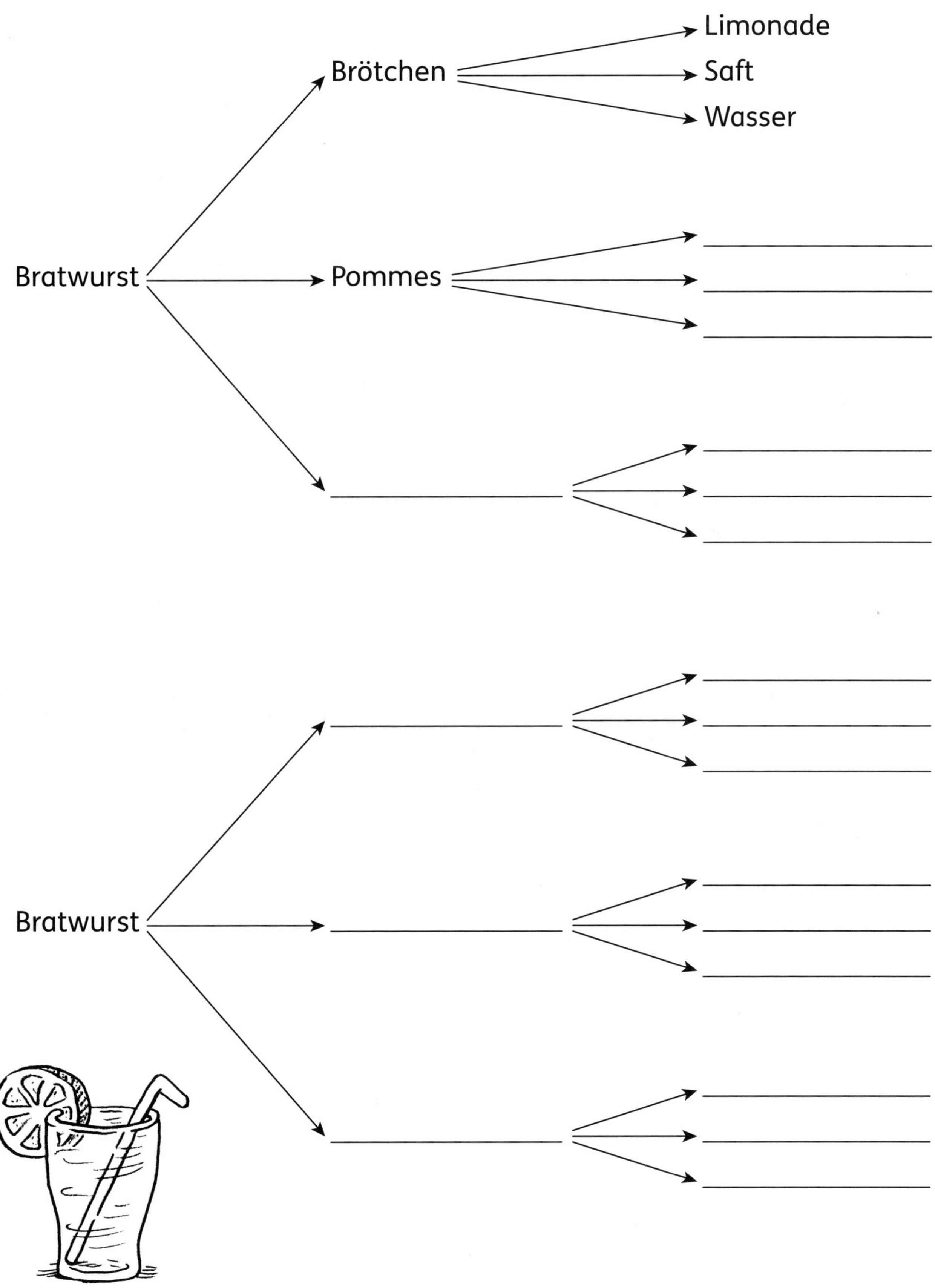

## Methodisch-didaktische Hinweise

Das Aufgabenformat „Kann das stimmen?“ stellt offene Sachsituationen dar. In diesem Aufgabenformat werden Behauptungen aufgestellt, welche zutreffend oder unzutreffend sein können. Kinder können dies auf Anhieb allerdings nicht erkennen, sie müssen dementsprechend Lösungsstrategien entwickeln und ausprobieren.

Das Sachrechnen behandelt als ein Gebiet des Mathematikunterrichts nicht nur das einfache Rechnen mit Sachen, sondern lebt und entwickelt sich in der Beziehung mit Alltag und Umwelt der Lernenden.[18] „Kinder lernen [dabei] nicht einfach Mathematik, sondern auch immer etwas über den Kontext.“[19]

Es gilt dabei, die Lernenden durch gut gewählte, realitätsnahe Sachtexte zum Rechnen und Lesen anzuregen. Eine große Rolle spielen dabei echte Daten und Zahlen durch die bestehende Beziehung im Alltag und der Umwelt. Ein schematisches Operieren, ohne kritische Kontrolle der Ergebnisse, entfällt durch die Realitätsnähe, der damit bekannten Sicherheit und Möglichkeiten, weitere Ableitungen zu erkennen bzw. zu entwickeln.[20]

Geeignet für diese Unterrichtsgestaltung ist das Aufgabenformat „Kann das stimmen?“. Dieses Aufgabenformat, durch das die Lernenden lernen sollen, mathematische Angaben kritisch zu hinterfragen und deren Aussagen auf Plausibilität zu prüfen, kann man der sogenannten Zeitungsmathematik zuordnen.[21]

Im Gegensatz zu den Fermi-Aufgaben, welche als offene Fragen formuliert sind, steht bei diesem Aufgabenformat die Überprüfung der aufgestellten Behauptung im Mittelpunkt. Durch die spannenden und meistens aus dem Alltag der Lernenden zu überprüfenden Behauptungen werden die Lernenden besonders motiviert. Bei diesem Aufgabenformat ist es allerdings wichtig, dass die gestellten und auf ihre Korrektheit zu überprüfenden Fragen nur so wenige Zahlenangaben enthalten, dass weitere Informationen von den Lernenden gesucht sowie sinnvolle Annahmen aufgrund eigener Größenvorstellungen gemacht werden müssen.[22] „Die-

[18] vgl. PIK AS, abgerufen unter: https://pikas.dzlm.de/material-pik/haus-12-mathematische-bildung/haus-1-unterrichtsmaterial/kann-das-stimmen (Stand 07.12.2020)
[19] Hußmann & Selter, 2008.
[20] vgl. Erichson, 1992, S. 22–25
[21] vgl. Herget & Scholz, 1998, S. 9–19
[22] vgl. PIK AS, abgerufen unter: https://pikas.dzlm.de/material-pik/haus-12-mathematische-bildung/haus-1-unterrichtsmaterial/kann-das-stimmen (Stand 07.12.2020)

se Tätigkeiten können als zwei wesentliche Teilbereiche des Modellierens im Mathematikunterricht angesehen werden."[23]

„Kann das stimmen?"-Aufgaben sind gekennzeichnet durch ihre Wir- oder Ich-Form, welche als besondere Pluspunkte gelten. Es erfolgt eine direkte Ansprache der Lernenden, die so im Mittelpunkt der Auseinandersetzung mit der jeweiligen Aufgabe stehen. Diese Vorgehensweise ermöglicht einen besseren Zugang zu den in den Aufgaben behandelten Größen. Diese Größen müssen, um inhaltlich von den Lernenden verstanden zu werden, als solide Größenvorstellungen ausgebildet werden. Als anzustrebendes Ziel bei der Entwicklung von Größenvorstellungen wird das Anstellen von Überlegungen zu sinnvollen Resultaten und somit das Erkennen von unsinnigen Angaben formuliert.[24]

Ziel dieser Etappe ist es, die Lernenden anhand von drei Aufgabenformaten der „Kann das stimmen?"-Aufgaben an das Überprüfen von aufgestellten Behauptungen heranzuführen und so einen weiteren Schritt zur Hinführung einer erfolgreichen Bearbeitung von Fermi-Aufgaben anzubieten. Da die „Kann das stimmen?"-Aufgaben ein gewisses Maß an Offenheit bieten, können die Lernenden lernen, dass es nicht den einen Lösungsweg gibt und dass es an manchen Stellen ausreicht beziehungsweise sogar sinnvoller ist, überschlagendes Rechnen anzuwenden (siehe Etappe 2: Begründet schätzen).

Die Lernenden üben, relevante Informationen zum Bearbeiten der „Kann das stimmen?"-Aufgabe zu beschaffen, diese zu sammeln, zu sortieren und am Ende einer Unterrichtsstunde zu präsentieren. Durch eine Partnerarbeit beschäftigen sich die Lernenden vertiefend mit der aufgestellten Problemstellung.

## 1. Übersicht über die Einheit „Kann das stimmen?"-Aufgaben

**Inhaltsfelder:** Zahl und Operation, Größen und Messen, Muster und Struktur, Daten und Zufall

**Lernziele der Unterrichtseinheit:** Die Lernenden erweitern und vertiefen ihre Kompetenzen in den Bereichen **Kommunizieren** und **Darstellen**, indem sie

- mit eingeführten mathematischen Fachbegriffen zum Thema „Sachaufgaben" ihre Vorgehensweisen und Lösungswege beschreiben, nachvollziehen und gemeinsam mit anderen reflektieren.

[23] vgl. PIK AS, abgerufen unter: https://pikas.dzlm.de/material-pik/haus-12-mathematische-bildung/haus-1-unterrichtsmaterial/kann-das-stimmen (Stand 07.12.2020)
[24] vgl. ebd.; vgl. Grund, 1992, S. 2–44

- Sachtexten mathematisch relevante Informationen entnehmen, mathematische Angaben hinterfragen und überprüfen sowie erkennen, dass es nicht immer nur einen Lösungsweg gibt.
- geeignete Darstellungen für das Bearbeiten mathematischer Probleme auswählen und nutzen.

## Lernziele der Unterrichtsstunden:

**Wissensebene:** Die Lernenden verfügen über Kenntnisse, um kritisch auf Zahlen aus dem Größenbereich „Zeit" zu schauen, indem sie immer wieder dazu aufgefordert werden, mathematische Angaben zu überprüfen.

**Kompetenzebene:** Die Lernenden erweitern ihre sprachliche Kompetenz in Bezug auf die Verwendung von mathematischen Fachbegriffen (wie z. B. Addieren, Multiplizieren), indem sie ihre Arbeitsergebnisse sachgerecht präsentieren.

**Kooperationsebene:** Die Lernenden schulen ihre Sozialkompetenz, indem sie sich gegenseitig bei der Partnerarbeit unterstützen und gemeinsam die „Kann das stimmen?"-Aufgaben bearbeiten.

## 2. Aufbau der Einheit

| Stichwortartige Beschreibung des Verlaufs | Kompetenzerweiterung Kerncurriculum | Inhaltliche Kompetenzen |
|---|---|---|
| • Aufgabenformat „Kann das stimmen?" kennenlernen<br>• Tipps zur Bearbeitung dieses Aufgabenformates sammeln und anwenden (siehe PIK AS)<br>• „Kann das stimmen?"-Aufgaben lösen<br>• Informationen auswerten | • Lernkompetenz<br>• Sprachkompetenz<br>• Sozialkompetenz<br>• Kommunizieren<br>• Argumentieren<br>• Problemlösen<br>• Modellieren | Die Lernenden lernen das neue Aufgabenformat kennen und können Tipps zur Bearbeitung dieses benennen und anwenden. Des Weiteren können sie „Kann das stimmen?"-Aufgaben lösen und ihre Lösungen präsentieren. |

## 3. Differenzierungen während der Unterrichtsstunden

Um den unterschiedlichen Lernvoraussetzungen und Begabungen der Lernenden gerecht zu werden, werden bei der Anwendung von Bearbeitungshilfen homogene Lerngruppen empfohlen. Differenzierungsmaßnahmen bei der Bearbeitung der „Kann das stimmen?"-Aufgaben sind durch das komplexe Aufgabenformat unabdingbar. Diese Differenzierungsmaßnahmen werden zum einen durch Arbeitsaufträge und zum anderen durch Tippkarten geleistet. Diese bieten eine Hilfestellung während der Arbeitsphase. Die Lernenden haben dadurch und durch das bestehende Aufgabenformat die Möglichkeit, individuelle Lösungswege für die Sachsituation zu finden. Dies führt zu einer natürlichen Differenzierung.[25]

## 4. Möglicher Ablauf einer Stunde zum Thema „Kann das stimmen?“

Es erfolgt eine kurze tabellarische Abbildung eines geplanten Unterrichtsverlaufs für eine Stunde zum Thema „Kann das stimmen?“. Dieser soll lediglich als Anregung dienen, da immer die aktuellen, unterrichtsrelevanten Kriterien (z. B. Lerngruppe) beachtet werden müssen.

| Phase/Zeit | Geplantes Unterrichtsgeschehen | Sozialform, Material |
|---|---|---|
| **Thematischer Einstieg**<br>**Ca. 5 Min.** | • Themenleine<br>• Wiederholung der letzten Mathematikstunde<br>• Stundenlernziel | Unterrichtsgespräch, Sitzkreis |
| **Orientierung**<br>**Ca. 1 Min.** | • Erklärung des Stundenaufbaus | Unterrichtsgespräch, Sitzkreis<br>Themenleine |
| **Hinführung**<br>**Ca. 5 Min.** | • Wiederholung der Tipps zur Bearbeitung von „Kann das stimmen?“-Aufgaben<br>• stummer Impuls der Frage | Tipps zur Bearbeitung von „Kann das stimmen?“-Aufgaben<br><br>Aufgabe in Form einer Sprechblase präsentieren |
| **Arbeitsphase**<br>**Ca. 20 Min.** | Bearbeitung der „Kann das stimmen?“-Aufgabe in Partnerarbeit | Partnerarbeit<br>Arbeitsaufträge<br>Infoboxen (Kalender, Stundenplan usw.)<br>Stifte, Satzanfänge, Wortschatzplakat |
| **Reflexion**<br>**Ca. 13 Min.** | Es wird den Lernenden die Möglichkeit gegeben, ihre Erfahrungen zum Lernvorgang zu äußern.<br>• Erläuterung einzelner Lösungsideen | Kinositz<br>Unterrichtsgespräch |
| **Abschluss**<br>**Ca. 1 Min.** | Die Lehrkraft entlässt die Lernenden mit einer Rückmeldung zu deren Arbeits- und Sozialverhalten. | Sitzkreis<br>Unterrichtsgespräch |

[25] vgl. Ruwisch, 2012, S. 42

## 5. Material für die Arbeitsblätter

Die Lernenden benötigen für die Bearbeitungen der Aufgaben einen aktuellen Ferienkalender, einen Schuljahresplaner sowie einen aktuellen Stundenplan.

Der Schwierigkeitsgrad der Aufgabenformate wird bei diesem Aufgabenformat durch Sterne gekennzeichnet:

☆ leichtes Aufgabenformat mit vielen Tippkarten

☆☆ mittelschweres Aufgabenformat mit Tippkarten

☆☆☆ schwieriges Aufgabenformat ohne Tippkarten

Für die Aufgaben stehen den Lernenden **Tippkarten** zur Verfügung. Diese können hinter die Tafel gehängt, bei Bedarf ausgeteilt oder an einer Hilfsstation bereitgelegt werden.

## Unser Sportunterricht

**Arbeite mit einem Partner zusammen.**

**Ihr benötigt:**

- Stundenplan 3. Schuljahr
- Schuljahresplaner
- Ferienkalender

Ich glaube, wir hatten 3 000 Stunden Sportunterricht im 3. Schuljahr.

Kann das stimmen?

**Hier ist Platz für eure Ideen und Überlegungen.**

## Tippkarten (Unser Sportunterricht)

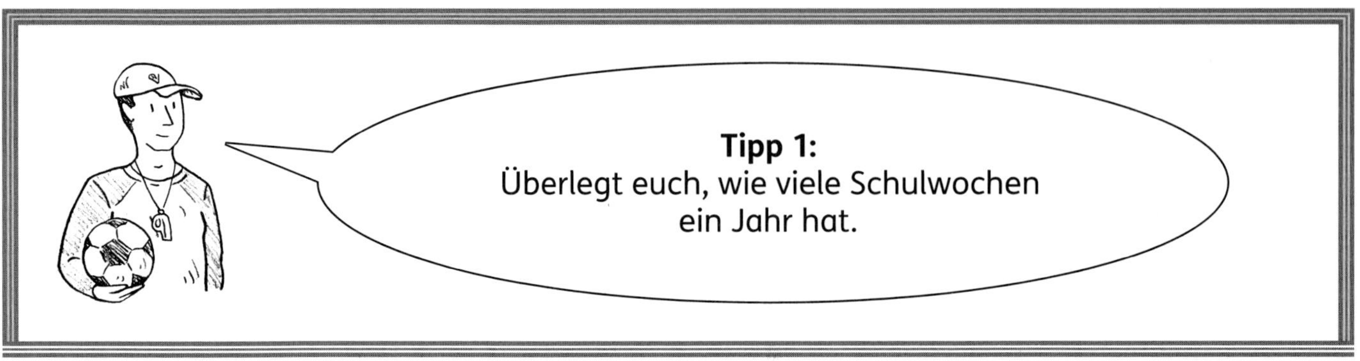

**Tipp 2:**
Bedenkt, dass ihr nur an fünf Tagen in der Woche Unterricht habt. An wie vielen Tagen habt ihr dann in einem Jahr Schule?

**Tipp 3:**
Überlegt euch, wie viele Sportstunden ihr in einer Schulwoche habt.

**Tipp 4:**
Berechnet eure Schultage in einem Jahr.

Sport oder Pause?

**Arbeite mit einem Partner zusammen.**

**Ihr benötigt:**

- Stundenplan 3. Schuljahr
- Schuljahresplaner
- Ferienkalender

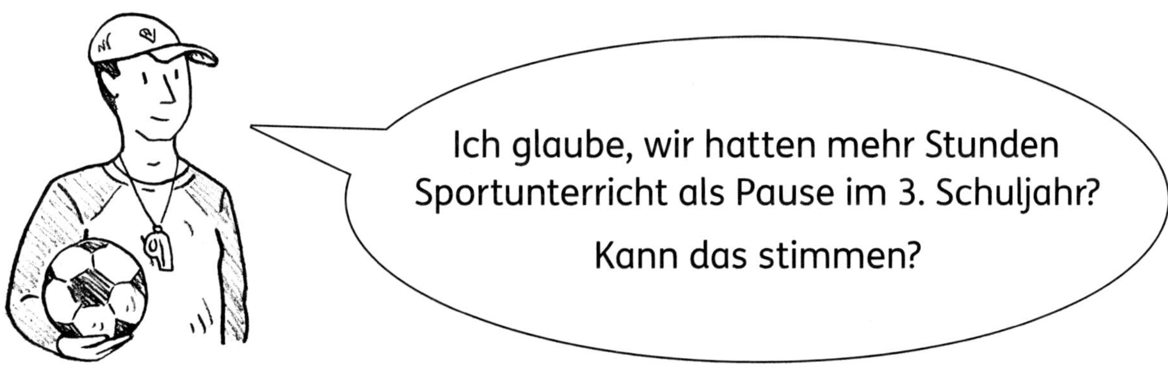


**Hier ist Platz für eure Ideen und Überlegungen.**

## Tippkarten (Sport oder Pause?)

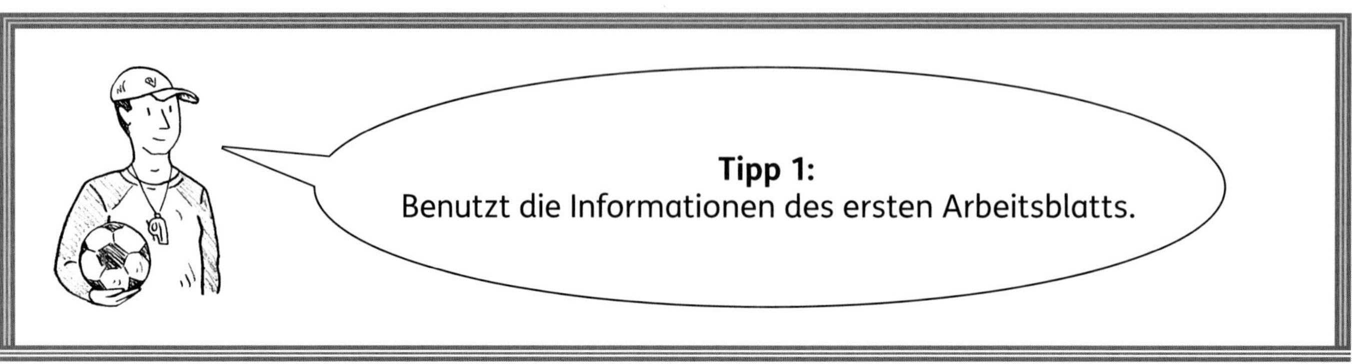

**Tipp 2:**
Überlegt euch, wie viele Stunden Pause ihr in einem Monat habt.
Bedenkt aber, dass ihr nicht immer an jedem Tag gleich lang Pause habt!

100 Bilder

**Arbeite mit einem Partner zusammen.**

Wir sind richtige Künstler. Wir haben in unserer Grundschulzeit 100 Bilder gemalt. Kann das stimmen?

**Hier ist Platz für eure Ideen und Überlegungen.**

## Methodisch-didaktische Hinweise

Fermi-Aufgaben sind nach dem italienischen Physiker Enrico Fermi (1901 – 1954) benannt, der seinen Studierenden oft einzigartige Fragen stellte, deren Beantwortung nicht so einfach möglich war. „Wie viele Klavierstimmer gibt es in Chicago?" ist eine seiner bekanntesten Fragen, auf die es nicht die eine richtige, wohl aber plausible Antwort gibt. Fermi-Aufgaben sind offen, realitätsbezogen, fordern heraus, sie regen das Weiterdenken an und öffnen den Blick für Mathematik in der Welt.[26] Um eine plausible Antwort auf eine solche komplexe Frage zu finden, müssen fehlende Angaben geschätzt und begründet werden, da die Aufgabe selbst nur unzureichende numerische Informationen enthält. Hilfreich bei der Bearbeitung einer Fermi-Aufgabe sind die „Hilfsfragen"[27], die es zunächst zu finden gilt. Benötigte Daten müssen eigenständig erhoben, erfragt oder aber auch begründet geschätzt werden. Das Rechnen selbst tritt damit in den Hintergrund. Beim Lösen von Fermi-Aufgaben stehen vielmehr die Schritte vor und nach dem Rechnen im Vordergrund. Dazu gehören das Schätzen, Messen, Recherchieren, das Übersetzen in die Sprache der Mathematik, das Finden verschiedener Wege und das Interpretieren und Bewerten der Ergebnisse.[28] Vor allem die Notwendigkeit des Bezugs zwischen der Lösung und dem Sachproblem in der Aufgabe wird beim Lösen von Fermi-Aufgaben deutlich. Während des Mathematisierens muss der Situationsbezug gewahrt werden, um kontinuierlich die Validierung der Ergebnisse zu gewährleisten.[29] Fermi-Aufgaben bieten zudem eine gute Gelegenheit, immer wieder zu einem Vergleich mit Stützpunkten herauszufordern.[30] Nach Franke[31] erfordern Fermi-Aufgaben zusammenfassend folgende Fähigkeiten:

- Einbezug von Erfahrungen zur Sachsituation
- Betrachtung von Beziehungen zwischen Daten
- Festlegung von Durchschnittswerten
- Rechnen mit Vergleichswerten
- Koordinierung von Teilschritten

[26] vgl. Wälti 2005, S. 34 – 38
[27] vgl. Kaufmann, 2006, S. 16
[28] vgl. https://kira.dzlm.de/node/240 (Stand 07.12.2020)
[29] vgl. Franke, 2010, S. 77
[30] vgl. ebd., S. 243
[31] vgl. ebd., S. 251

## 1. Übersicht über die Einheit „Fermi-Aufgaben“

**Inhaltsfelder:** Zahl und Operation, Raum und Form, Größen und Messen, Daten und Zufall

**Lernziele der Unterrichtseinheit:** Die Lernenden erweitern und vertiefen ihre Kompetenzen in den Bereichen **Kommunizieren**, **Problemlösen**, **Modellieren** und **Darstellen**, indem sie

- plausible Lösungen für Fermi-Aufgaben finden und ihre Lösungswege wie auch die Ergebnisse vergleichen, nachvollziehen, reflektieren, hinterfragen und auf Korrektheit überprüfen.

## Lernziele der Unterrichtsstunden:

**Wissensebene:** Die Lernenden verfügen über Kenntnisse zum Finden einer plausiblen Lösung von Fermi-Aufgaben, indem sie die einzelnen Hilfsfragen ermitteln, die fehlenden Daten ermitteln und ihre dabei verwendeten Strategien dokumentieren.

**Kompetenzebene:** Die Lernenden erweitern ihre sprachliche Kompetenz in Bezug auf die Verwendung von mathematischen Fachbegriffen, indem sie ihre Arbeitsergebnisse sachgerecht präsentieren und die Ergebnisse anderer Kinder bewerten.

**Kooperationsebene:** Die Lernenden schulen ihre Sozialkompetenz, indem sie sich gegenseitig bei der Gruppenarbeit unterstützen und gemeinsam die Fermi-Aufgaben erarbeiten.

## 2. Aufbau der Einheit

| Stichwortartige Beschreibung des Verlaufs | Kompetenzerweiterung Kerncurriculum | Inhaltliche Kompetenzen |
|---|---|---|
| • Was ist eine Fermi-Aufgabe?<br>• Finden der Hilfsfragen<br>• Ermittlung fehlender Daten (Experten befragen, Fachtexte lesen, Recherchieren im Internet ...<br>• Gestaltung eines Plakates zur Präsentation des eigenen Lösungsvorgehens und des Ergebnisses<br>• Begründung der Plausibilität der eigenen wie auch fremder Lösungen | • Lernkompetenz<br>• Sprachkompetenz<br>• Sozialkompetenz<br>• Kommunizieren<br>• Argumentieren<br>• Problemlösen<br>• Darstellen<br>• Modellieren | Die Lernenden können plausible Lösungen für Fermi-Aufgaben finden und ihre Lösungswege, wie auch die Ergebnisse vergleichen, nachvollziehen, reflektieren, hinterfragen und auf Plausibilität überprüfen. |

## 3. Differenzierungen während der Unterrichtsstunden

Um den unterschiedlichen Lernvoraussetzungen und Begabungen der Lernenden gerecht zu werden, werden bei der Bearbeitung von den Fermi-Aufgaben homogene Lerngruppen empfohlen. Wie viele Lernende gemeinsam eine Aufgabe bearbeiten sollen, entscheidet die Lehrkraft. Die einzelnen Aufgaben haben ein unterschiedliches Anforderungsniveau und können so passend für die einzelnen Gruppen ausgesucht werden. Weiterhin bietet die Vorgabe der Hilfsfragen eine gute Möglichkeit, lernschwächeren Kindern einen einfacheren Zugang zu den Aufgaben zu ermöglichen.

## 4. Möglicher Ablauf einer Stunde zum Thema „Fermi-Aufgaben"

Es erfolgt eine kurze tabellarische Abbildung eines geplanten Unterrichtsverlaufs. Dieser soll lediglich als Anregung dienen, da immer die aktuellen, unterrichtsrelevanten Kriterien (z. B. Lerngruppe) beachtet werden müssen. Da die Lösung einer Fermi-Aufgabe länger dauern wird als eine Schulstunde, müssen für die Lösung wie auch für das Erstellen des Plakates ausreichend Stunden eingeplant werden. Gleiches gilt auch für die anschließende Präsentation der Ergebnisse.

| Phase/Zeit | Geplantes Unterrichtsgeschehen | Sozialform, Material |
|---|---|---|
| **Thematischer Einstieg**<br>**Ca. 4 Min.** | • Themenleine<br>• Wiederholung der letzten Mathematikstunde<br>• Stundenlernziel | Unterrichtsgespräch, Sitzkreis |
| **Orientierung**<br>**Ca. 1 Min.** | • Erklärung des Stundenaufbaus | Unterrichtsgespräch, Sitzkreis<br>Themenleine |
| **Hinführung**<br>**Ca. 5 Min.** | • Gruppeneinteilung<br>• Auswahl und Verteilen der Fermi-Aufgaben<br>• Stundenziel | Fermi-Aufgaben<br><br>Kinositz |
| **Arbeitsphase**<br>**Ca. 60 Min.** | • Bearbeitung einer Fermi-Aufgabe in Gruppenarbeit<br>• Erstellen eines Plakates für die Präsentation | Gruppenarbeit<br>Arbeitsaufträge<br>Hilfsfragen<br>Bücher<br>Computer mit Internetzugang<br>Messinstrumente |

| Phase/Zeit | Geplantes Unterrichtsgeschehen | Sozialform, Material |
|---|---|---|
| **Reflexion**<br>**Ca. 20 Min.** | • Präsentation der Arbeitsergebnisse<br>• Überprüfung der Lösungen auf Plausibilität<br>• Die Lehrkraft entlässt die Lernenden mit einer Rückmeldung zu deren Arbeits- und Sozialverhalten und dem Ausblick auf die nächste Stunde. | Sitzkreis<br>Unterrichtsgespräch |

## 5. Hinweise zur Arbeit mit dem Material

Im Folgenden sind 15 Fermi-Aufgaben aus unterschiedlichen Schwierigkeitsstufen zu finden. Die Kinder erhalten pro Gruppe eine Aufgabe. Je nach Leistungsstand der Gruppe können Hilfsfragen direkt vorgegeben, gemeinsam mit den Lernenden erarbeitet oder im Laufe der Arbeitsphase gemeinsam mit der Lehrkraft im Gespräch ergänzt werden.

Fermi-Aufgabe 1:
Wie viele Fahrzeuge stehen in einem
5 km langen Stau?

1. **Findet eine Lösung für die Aufgabe.**
2. **Erstellt ein Plakat, mit dem ihr euren Rechenweg erklären könnt.**
3. **Präsentiert euer Ergebnis in der Klasse.**
4. **Wie könnt ihr die unterschiedlichen Lösungen der Gruppen erklären?**

✂- - - - - - - - - - - - - - - - - - - - - - - - - - - - - - - - - - - - -

**Diese Fragen können euch helfen:**

- Wie viele Spuren hat eure Autobahn?
- Welche Fahrzeuge stehen überhaupt in einem Stau?
- Wie lang sind die einzelnen Fahrzeuge?
- Auf welcher Spur stehen die unterschiedlichen Fahrzeuge?
- Stehen die Fahrzeuge direkt aneinander?
- Was ist am Sonntag auf der Autobahn anders als an anderen Tagen?

**Diese Tipps können euch helfen:**

- Erstellt eine Skizze.
- Könnt ihr alle Fragen allein beantworten?
- Überlegt, wie ihr euch die Informationen beschaffen könnt, die euch fehlen.

Fermi-Aufgabe 2:
Wie viele Autos fahren an einem Tag an der Schule vorbei?

1. **Findet eine Lösung für die Aufgabe.**
2. **Erstellt ein Plakat, mit dem ihr euren Rechenweg erklären könnt.**
3. **Präsentiert euer Ergebnis in der Klasse.**
4. **Wie könnt ihr die unterschiedlichen Lösungen der Gruppen erklären?**

✂- - - - - - - - - - - - - - - - - - - - - - - - - - - - - - - -

**Diese Fragen können euch helfen:**

- Wie viele Autos fahren in einer Stunde vorbei?
- Welche Unterschiede gibt es im Laufe des Tages?
- Fahren nachts auch Autos?

**Diese Tipps können euch helfen:**

- Zählt die Autos, die in 15 Minuten vorbeifahren, und macht eine Strichliste.
- Wechselt euch ab, so könnt ihr morgens und mittags zählen.
- Könnt ihr alle Fragen allein beantworten?
- Überlegt, wie ihr euch die Informationen beschaffen könnt, die euch fehlen.

Fermi-Aufgabe 3:
Wie viele Kühe braucht man, um eure Schule eine Woche lang mit Schulmilch zu versorgen?

1. **Findet eine Lösung für die Aufgabe.**
2. **Erstellt ein Plakat, mit dem ihr euren Rechenweg erklären könnt.**
3. **Präsentiert euer Ergebnis in der Klasse.**
4. **Wie könnt ihr die unterschiedlichen Lösungen der Gruppen erklären?**

✂ - - - - - - - - - - - - - - - - - - - - - - - - - - - - - - - - -

**Diese Fragen können euch helfen:**

- Wie viele Kinder sind in der Schule?
- Bekommen die Erwachsenen auch etwas ab?
- Wie viele Gläser Milch trinkt ein Kind? Wie viel Milch passt in ein Glas?
- Wie viele Liter Milch gibt eine Kuh am Tag?

**Diese Tipps können euch helfen:**

- Könnt ihr alle Fragen allein beantworten?
- Überlegt, wie ihr euch die Informationen beschaffen könnt, die euch fehlen

Fermi-Aufgabe 4:
Passen alle Mitglieder eurer Schulgemeinde in euren Klassenraum, wenn sie nebeneinanderstehen?

1. **Findet eine Lösung für die Aufgabe.**
2. **Erstellt ein Plakat, mit dem ihr euren Rechenweg erklären könnt.**
3. **Präsentiert euer Ergebnis in der Klasse.**
4. **Wie könnt ihr die unterschiedlichen Lösungen der Gruppen erklären?**

✂- - - - - - - - - - - - - - - - - - - - - - - - - - - - - - - -

**Diese Fragen können euch helfen:**

- Wie viele Kinder sind in eurer Schule?
- Wie viele Erwachsene arbeiten hier?
- Wie groß ist euer Klassenraum eigentlich?
- Bleiben die Möbel drin oder wollt ihr mit einem leeren Raum planen?

**Diese Tipps können euch helfen:**

- Teilt den Klassenraum in Quadratmeter auf.
- Wie viele Kinder passen auf einen Quadratmeter? Probiert es aus.
- Könnt ihr alle Fragen allein beantworten?
- Überlegt, wie ihr euch die Informationen beschaffen könnt, die euch fehlen.

Fermi-Aufgabe 5:
Wie lang ist der Streifen, wenn man eine Tube Zahnpasta ausdrückt?

1. **Findet eine Lösung für die Aufgabe.**
2. **Erstellt ein Plakat, mit dem ihr euren Rechenweg erklären könnt.**
3. **Präsentiert euer Ergebnis in der Klasse.**
4. **Wie könnt ihr die unterschiedlichen Lösungen der Gruppen erklären?**

✂- - - - - - - - - - - - - - - - - - - - - - - - - - - - - - - -

**Diese Fragen können euch helfen:**

- Ist in jeder Tube gleich viel Zahnpasta?

**Diese Tipps können euch helfen:**

- Drückt einen 5 cm langen Streifen aus der Tube.
- Wiegt den Streifen auf einer Briefwaage.
- Könnt ihr alle Fragen allein beantworten?
- Überlegt, wie ihr euch die Informationen beschaffen könnt, die euch fehlen.

Fermi-Aufgabe 6:
Wie teuer ist die Wassermenge, die eure Schule in einer Woche verbraucht?

1. **Findet eine Lösung für die Aufgabe.**
2. **Erstellt ein Plakat, mit dem ihr euren Rechenweg erklären könnt.**
3. **Präsentiert euer Ergebnis in der Klasse.**
4. **Wie könnt ihr die unterschiedlichen Lösungen der Gruppen erklären?**

✂- - - - - - - - - - - - - - - - - - - - - - - - - - - - - - - - - - - -

**Diese Fragen können euch helfen:**

- Wo wird in der Schule Wasser benötigt?
- Wie viel Wasser wird jeweils benötigt?
- Wird im Sommer genauso viel Wasser benötigt wie im Winter?
- Wie teuer ist ein Liter Wasser?

**Diese Tipps können euch helfen:**

- Könnt ihr alle Fragen allein beantworten?
- Überlegt, wie ihr euch die Informationen beschaffen könnt, die euch fehlen.

Fermi-Aufgabe 7:
Wie viele Busse benötigt ihr, wenn eure Schule einen gemeinsamen Ausflug machen möchte?

1. **Findet eine Lösung für die Aufgabe.**
2. **Erstellt ein Plakat, mit dem ihr euren Rechenweg erklären könnt.**
3. **Präsentiert euer Ergebnis in der Klasse.**
4. **Wie könnt ihr die unterschiedlichen Lösungen der Gruppen erklären?**

✂------------------------------------------------------------

**Diese Fragen können euch helfen:**

- Wie viele Kinder sind in der Schule?
- Wie viele Erwachsene fahren mit?
- Wie viele Sitzplätze hat ein Bus?

**Diese Tipps können euch helfen:**

- Könnt ihr alle Fragen allein beantworten?
- Überlegt, wie ihr euch die Informationen beschaffen könnt, die euch fehlen.

Fermi-Aufgabe 8:
Wie viele Weihnachtsbäume werden jedes Jahr in eurer Stadt benötigt?

1. **Findet eine Lösung für die Aufgabe.**
2. **Erstellt ein Plakat, mit dem ihr euren Rechenweg erklären könnt.**
3. **Präsentiert euer Ergebnis in der Klasse.**
4. **Wie könnt ihr die unterschiedlichen Lösungen der Gruppen erklären?**

**Diese Fragen können euch helfen:**

- Wie viele Menschen leben in eurer Stadt?
- Benötigt jeder seinen eigenen Baum?
- Stehen nur in den Häusern und Wohnungen Weihnachtsbäume?

**Diese Tipps können euch helfen:**

- Könnt ihr alle Fragen allein beantworten?
- Überlegt, wie ihr euch die Informationen beschaffen könnt, die euch fehlen.

Fermi-Aufgabe 9:
Wie viele ganze Brote isst du in einem Jahr?

1. **Findet eine Lösung für die Aufgabe.**
2. **Erstellt ein Plakat, mit dem ihr euren Rechenweg erklären könnt.**
3. **Präsentiert euer Ergebnis in der Klasse.**
4. **Wie könnt ihr die unterschiedlichen Lösungen der Gruppen erklären?**

---

**Diese Fragen können euch helfen:**

Wie viele Scheiben kannst du aus einem Brot schneiden?

Sind alle Brote gleich groß?

Wie viele Scheiben Brot isst du an einem Tag?

Isst du an jedem Tag gleich viele Scheiben Brot?

**Diese Tipps können euch helfen:**

Schneidet gemeinsam ein Brot in Scheiben.

Schaut euch beim Bäcker alle Brote genau an.

Könnt ihr alle Fragen allein beantworten?

Überlegt, wie ihr euch die Informationen beschaffen könnt, die euch fehlen.

Fermi-Aufgabe 10:
Wie viele Rollen Toilettenpapier verbraucht eine Familie im Jahr?

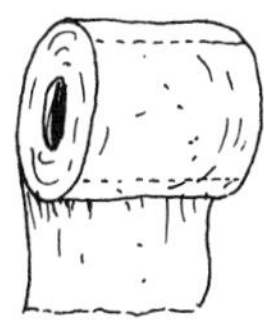

1. **Findet eine Lösung für die Aufgabe.**
2. **Erstellt ein Plakat, mit dem ihr euren Rechenweg erklären könnt.**
3. **Präsentiert euer Ergebnis in der Klasse.**
4. **Wie könnt ihr die unterschiedlichen Lösungen der Gruppen erklären?**

✂- - - - - - - - - - - - - - - - - - - - - - - - - - - - - - - - - - - -

**Diese Fragen können euch helfen:**

- Wie viele Blätter Toilettenpapier brauchst du am Tag?
- Benötigst du an jedem Tag gleich viel Papier?
- Sind in jeder Familie gleich viele Menschen?
- Wie viele Blätter Toilettenpapier sind auf einer Rolle?

**Diese Tipps können euch helfen:**

- Zählt, wie viele Blätter ihr pro Tag verbraucht.
- Könnt ihr alle Fragen allein beantworten?
- Überlegt, wie ihr euch die Informationen beschaffen könnt, die euch fehlen.

Fermi-Aufgabe 11:
Wie lange schaust du in einem Jahr fern?

1. **Findet eine Lösung für die Aufgabe.**
2. **Erstellt ein Plakat, mit dem ihr euren Rechenweg erklären könnt.**
3. **Präsentiert euer Ergebnis in der Klasse.**
4. **Wie könnt ihr die unterschiedlichen Lösungen der Gruppen erklären?**

✂- - - - - - - - - - - - - - - - - - - - - - - - - - - - - - -

**Diese Fragen können euch helfen:**

- Wie lange schaust du am Tag fern?
- Schaust du an jedem Tag gleich lange?
- Wie lange darfst du in den Ferien schauen?
- Wie viele Tage hat ein Jahr?

**Diese Tipps können euch helfen:**

- Zählt Schultage, Wochenenden und Ferientage.
- Könnt ihr alle Fragen allein beantworten?
- Überlegt, wie ihr euch die Informationen beschaffen könnt, die euch fehlen.

Fermi-Aufgabe 12:
Wie viele Blätter Papier verbraucht deine Schule in einem Jahr?

1. **Findet eine Lösung für die Aufgabe.**
2. **Erstellt ein Plakat, mit dem ihr euren Rechenweg erklären könnt.**
3. **Präsentiert euer Ergebnis in der Klasse.**
4. **Wie könnt ihr die unterschiedlichen Lösungen der Gruppen erklären?**

✂-----------------------------------------------

**Diese Fragen können euch helfen:**

- Wie viele Blätter Papier brauchst du in der Woche?
- Wie viele Kinder sind in eurer Schule?
- Verbraucht ihr in jeder Woche im Jahr gleich viel Papier?
- Wie hoch wäre ein Papierstapel für eure Klasse in einer Woche?

**Diese Tipps können euch helfen:**

- Zählt, wie viele Blätter ihr pro Tag und pro Woche verbraucht.
- Stapelt alle Papiere aus einer Woche übereinander und messt die Höhe.
- Könnt ihr alle Fragen allein beantworten?
- Überlegt, wie ihr euch die Informationen beschaffen könnt, die euch fehlen.

Fermi-Aufgabe 13:
Wie lange wäre die Wäscheleine, wenn du all deine Kleidungsstücke nebeneinanderhängen würdest?

1. **Findet eine Lösung für die Aufgabe.**
2. **Erstellt ein Plakat, mit dem ihr euren Rechenweg erklären könnt.**
3. **Präsentiert euer Ergebnis in der Klasse.**
4. **Wie könnt ihr die unterschiedlichen Lösungen der Gruppen erklären?**

✂- - - - - - - - - - - - - - - - - - - - - - - - - - - - - - - - - - - - - - - -

**Diese Fragen können euch helfen:**

- Wie viele Kleidungsstücke besitzt du?
- Ist jedes Kleidungsstück gleich groß?
- Hat jeder von euch gleich viele Kleidungsstücke?

**Diese Tipps können euch helfen:**

- Zählt, wie viele Kleidungsstücke jeder hat, und schaut sie euch genau an.
- Könnt ihr alle Fragen allein beantworten?
- Überlegt, wie ihr euch die Informationen beschaffen könnt, die euch fehlen.

Fermi-Aufgabe 14:
Wie viele Elefanten müssten auf einer Wippe stehen, damit alle Kinder eurer Schule mitwippen könnten?

1. **Findet eine Lösung für die Aufgabe.**
2. **Erstellt ein Plakat, mit dem ihr euren Rechenweg erklären könnt.**
3. **Präsentiert euer Ergebnis in der Klasse.**
4. **Wie könnt ihr die unterschiedlichen Lösungen der Gruppen erklären?**

---

**Diese Fragen können euch helfen:**

- Wie viel wiegst du?
- Wiegt jedes Kind gleich viel?
- Wie viele Klassen gibt es in eurer Schule?
- Wiegt ein Erstklässler genauso viel wie ein Viertklässler?
- Wie viel wiegt ein Elefant?

**Diese Tipps können euch helfen:**

- Wiegt euch und rechnet aus, wie viel eure Klasse wiegt.
- Könnt ihr alle Fragen allein beantworten?
- Überlegt, wie ihr euch die Informationen beschaffen könnt, die euch fehlen.

Fermi-Aufgabe 15:
Wie viele Portionen Mittagessen werden in eurer Schule im Jahr gegessen?

1. **Findet eine Lösung für die Aufgabe.**
2. **Erstellt ein Plakat, mit dem ihr euren Rechenweg erklären könnt.**
3. **Präsentiert euer Ergebnis in der Klasse.**
4. **Wie könnt ihr die unterschiedlichen Lösungen der Gruppen erklären?**

---

**Diese Fragen können euch helfen:**

- Wie viele Kinder essen am Tag bei euch?
- Essen an jedem Tag gleich viele Kinder?
- Wie viele Kinder essen in den Ferien in der Schule?
- Essen auch Erwachsene?

**Diese Tipps können euch helfen:**

- Zählt, wie viele Kinder am Tag/in der Woche in der Schule essen.
- Könnt ihr alle Fragen allein beantworten?
- Überlegt, wie ihr euch die Informationen beschaffen könnt, die euch fehlen.

- Bartnitzky, H. & Speck-Hamdam, A. (Hg.; 2004): *Leistungen der Kinder wahrnehmen – würdigen – fördern (Bd. 118).* Frankfurt/M.: Grundschulverband-Arbeitskreis Grundschule e. V.
- Bongartz, T. & Verboom, L. (2007): *Fundgrube Sachrechnen. Unterrichtsideen, Beispiele und methodische Anregungen für das 1. – 4.* Schuljahr. Cornelsen Scriptor: Berlin.
- Erichson, C. (1991): *Sachtexte lesen, mit denen man rechnen kann.* In: Die Grundschulzeitschrift, 48, S. 22 – 25.
- Dinges, E. & Petersen, S. (2018): *Größen anschaulich: Gewichte, Hohlmaße und Flächen: 3. und 4. Klasse.* PERSEN Verlag: Hamburg.
- Franke, M. & Ruwisch, S. (2010): *Didaktik des Sachrechnens in der Grundschule,* Spektrum Verlag: Heidelberg.
- Götze, D. & Hunke, S. (2010). *Mit Zeitungstexten den Zahlenblick schulen.* In: Grundschule Mathematik, 24, S. 24 – 27.
- Grund, K.-H. (1992): *Größenvorstellungen – eine wesentliche Voraussetzung beim Anwenden von Mathematik.* In: Grundschule, 12, S. 2 – 44.
- Hacker, J. & Lammel, R. & Wichmann, M. (2006): *Lernstands-Diagnose als Basis zur individuellen Förderung – Ein Praxisleitfaden für die Klassen 3 und 4,* Westermann Schroedel Diesterweg Schöningh Winklers GmbH: Braunschweig.
- Herget, W. & Scholz, D. (1998): *Die etwas andere Aufgabe – aus der Zeitung. Mathematik – Aufgaben Sek I.* Kallmeyer: Seelze.
- Hessisches Kultusministerium (2011): *Bildungsstandards und Inhaltsfelder. Das neue Kerncurriculum für Hessen. Primarstufe. Mathematik.* Wiesbaden.
- Hessisches Kultusministerium (1995): *Rahmenplan Grundschule. Mathematik.* Wiesbaden.
- Kaufmann, S. (2006): *Umgang mit unvollständigen Aufgaben.* In: Die Grundschulzeitschrift, 16 – 19
- Krauthausen, G. & Scherer, P. (2007): *Einführung in die Mathematikdidaktik.* Spektrum Verlag: Heidelberg.
- Maaß, K. (2011): *Mathematisches Modellieren in der Grundschule.* Publikation des Programms SINUS an Grundschulen.
- Raddatz, H. & Schipper, W. & Dröge, R. & Ebeling, A. (1999): *Handbuch für den Mathematikunterricht* 4; Hannover: Schroedel.
- Röthlisberger, H. (1999): *Heterogenität als Herausforderung: Standort-bestimmung am Schulanfang.* In: Elmar Hengartner (Hg.): Mit Kindern lernen. Standorte und Denkwege im Mathematikunterricht. Klett und Balmer: Zug (Schweiz), S. 22 – 28.
- Ruwisch, S. & Schaffrath, S. (2009): *Fragenbox Mathematik – Kann das stimmen?* Auer Verlag: Donauwörth.
- Selter, C. & Zannetin, E. (2019): *Mathematik unterrichten in der Grundschule.* Klett und Kallmeyer: Seelze.

- Schipper, W. & Dröge, R. & Ebeling, A. (2017): *Handbuch für den Mathematikunterricht an Grundschulen – Klasse 3*. Bildungshaus Schulbuchverlage: Braunschweig.
- Schipper, W. & Dröge, R. & Ebeling, A. (2000): *Handbuch für den Mathematikunterricht an Grundschulen – Klasse 4*. Bildungshaus Schulbuchverlage: Braunschweig.
- Schipper, W. (2009): *Handbuch für den Mathematikunterricht an Grundschulen 1*; Bildungshaus Schulbuchverlage: Braunschweig.
- Sundermann, B. & Selter, Ch. (2003): *Leistung im Mathematikunterricht*. In: Baum, M. & Wielpütz, H. (Hg.): Mathematik in der Grundschule. Ein Arbeitsbuch. Seelze: Kallmeyer, S. 121 – 136.
- Sundermann, B. & Selter, Ch. (2005): *Lernerfolg begleiten – Lernerfolg beurteilen*. Kiel: SINUS-Transfer Grundschule, Modul G 9 (auch unter: www.sinus-grundschule.de).
- Sundermann, B. & Selter, Ch. (2006): *Mathematik 3/4*. In: Horst Bartnitzky u. a. (Hg.): Pädagogische Leistungskultur (Bd. 121). Frankfurt/M.: Grundschulverband – Arbeitskreis Grundschule e. V.
- Sundermann, B. & Selter, Ch. ([3]2011): *Beurteilen und fördern im Mathematikunterricht*. Gute Aufgaben. Differenzierte Arbeiten. Ermutigende Rückmeldungen. Cornelsen Scriptor: Berlin.
- Wälti, B. (2005): *Fermi-Fragen*. in: Grundschule Mathematik, (4), 34 – 37.


## Internetquellen:


- Deutsches Zentrum für Lehrerbildung Mathematik – KIRA, *Fermi-Aufgaben*, abgerufen unter: https://kira.dzlm.de/node/240 (Stand: 07.12.2020)
- Deutsches Zentrum für Lehrerbildung Mathematik – PIKAS, *Kann das stimmen?-Aufgaben*, abgerufen unter: https://pikas.dzlm.de/material-pik/haus-12-mathematische-bildung/haus-1-unterrichtsmaterial/kann-das-stimmen (Stand 07.12.2020)
- Deutsches Zentrum für Lehrerbildung Mathematik – PIKAS, *Sachrechenprobleme*, abgerufen unter: https://pikas.dzlm.de/material-pik/herausfordernde-lernangebote/haus-7-unterrichts-material/sachrechenprobleme (Stand 07.12.2020)
- Deutsches Zentrum für Lehrerbildung Mathematik – PIKAS, *Sachinformationen – Standortbestimmungen*, abgerufen unter: https://pikas.dzlm.de/pikasfiles/uploads/upload/Material/Haus_9_-_Leistungen_wahrnehmen/FM/Modul_9.3/Sachinfos/M9_3_Sachinfos_Standortbestimmungen.pdf (Stand 07.12.2020)
- Deutsches Zentrum für Lehrerbildung Mathematik – primakom, *Zum Sachrechnen der Grundschule – Hintergrund*, abgerufen unter: https://primakom.dzlm.de/inhalte/gr%C3%B6%C3%9Fen-und-messen/zum-sachrechnen-der-grundschule/hintergrund (Stand 07.12.2020)
- Hußmann, S. & Selter, C. (2008): *Interview in der Dortmunder Zeitung „Ameisen auf Stelzen“*. zit. nach: https://pikas.dzlm.de/pikasfiles/uploads/upload/Material/Haus_7_-_Gute_-_Aufgaben/UM/Kann_das_stimmen/Basisinfos/H7_Kds_Sachinfos.pdf (Stand 07.12.2020)